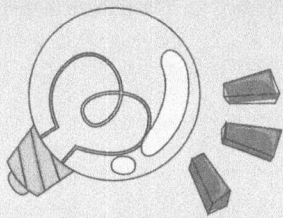

安全 运动 卫生

习惯教育观察与思考
——81个好习惯

XIGUAN JIAOYU GUANCHA YU SIKAO
——81 GE HAO XIGUAN

冷朋静 ◎ 著

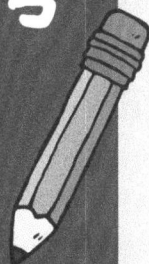

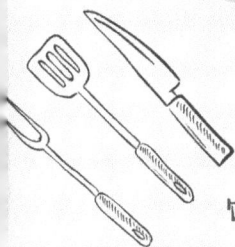

饮食

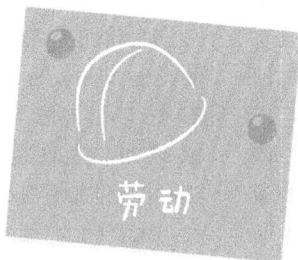

礼貌 做人 劳动

安徽师范大学出版社
ANHUI NORMAL UNIVERSITY PRESS
·芜湖·

图书在版编目（CIP）数据

习惯教育观察与思考:81个好习惯/冷朋静著. —芜湖:安徽师范大学出版社,
2022.12

ISBN 978-7-5676-5981-0

Ⅰ.①习… Ⅱ.①冷… Ⅲ.①中小学生－习惯性－能力培养 Ⅳ.①G635.5

中国版本图书馆CIP数据核字(2022)第248842号

习惯教育观察与思考:81个好习惯

冷朋静◎著

责任编辑:潘　安　　　　　　　　　责任校对:吴　琼　吴山丹
装帧设计:张　玲　秦　岭　　　　　责任印制:桑国磊
出版发行:安徽师范大学出版社
　　　　芜湖市北京东路1号安徽师范大学赭山校区　　邮政编码:241000
网　　址:http://www.ahnupress.com
发 行 部:0553-3883578　5910327　5910310(传真)
印　　刷:苏州市古得堡数码印刷有限公司
版　　次:2022年12月第1版
印　　次:2022年12月第1次印刷
规　　格:700 mm × 1000 mm　1/16
印　　张:14.25
字　　数:200千字
书　　号:ISBN 978-7-5676-5981-0
定　　价:56.00元

凡发现图书有质量问题,请与我社联系(联系电话:0553-5910315)

代　序
教孩子一天　想孩子一生

丹青敷彩，翰墨流霞，书香漫卷校园。

爱心成长，幸福启航，教育尽显芬芳。

"美丽的鲜花在开放，你是哪一朵？天上的星星在闪烁，你是哪一颗……成长在二实验，幸福又快乐。"走进四平市第二实验小学，总能听到孩子们这些幸福的哼唱，他们是校园里最快乐的音符。徜徉在校园里，眼之所见是书香弥漫，心之所感是幸福流淌。曾经，十名小画星走进人民大会堂，参加全国第十届校园春晚并现场作画，受到了领导的亲切接见；曾经，校园舞蹈团走进北大百年讲堂，参加全国魅力校园综艺盛典……多年来，学校秉承"唯实创新、立德树人"的校训，遵循"教孩子一天，想孩子一生，为孩子一生的幸福奠基"的办学理念，以丰富多彩的德育活动唱响爱的主旋律，谋求特色发展，打造"幸福教育"。

启迪心智，奠定基础

每天清晨，国学经典在孩子们口中朗朗诵读。循声而入，就会看到育德长廊里，淡黄色的墙壁映衬着三十多年的辉煌校史，诠释了"爱、诚、智、健、律、礼、乐、俭"的八字育人方针；浓浓相生相融的黑白世界构成"中国风"，展现了汉字发展的历史演变；"爱心树"记录着孩子们"每天节约一分钱，颗颗硬币献爱心"的成长历程；欣欣向荣的"科技园艺栽培"，为班级增添一抹抹新绿。

操场上，标志性建筑"幸福实验号"与音乐花坛相映成趣，各种仿似真人的运动标识使校园充满活力。师生们书丹青、挥翰墨、习太极、悟经典、赏雅乐、品美文……一幅幅、一幕幕的画卷交汇出一道道的风景，演绎着教育的精彩和幸福。"十年树木，百年树人，教育的成效，不但要看学生在校的六年，而且要看学生以后的十年、二十年……甚至一生。"这句话就像一个警示，提醒我们不断地追问自己：如何为学生一生的幸福奠基？

一所好的学校能够成为孩子一生的心灵家园。为了促使学生养成良好的行为习惯，学校从贴近学生的学习、生活实际出发，实施"4321"行为工程，即四条线、三管住、二无声、一特长。"四条线"，即上放学走路一条线、自行车摆放一条线、走廊内右侧通行一条线、课间操站队一条线。"三管住"，即管住自己的嘴不说脏话、不随地吐痰，管住自己的手不乱扔纸屑、不乱折花草，管住自己的脚不乱踢乱踏。"二无声"，即大型集会鸦雀无声，课间室内外无大声喧哗。"一特长"，即学校创建了树人书画苑、飞天科技发明小组、金帆管乐团、爱之乐合唱团、俏娃娃舞蹈团等二十余个兴趣小组，做到人人有才艺，班班有特色。

滋养心灵，完善人格

我们留下一个什么样的世界给子孙后代，在很大程度上取决于我们给世界留下了什么样的子孙后代。

这话耐人寻味，让我们深深自省，教育的根本任务实为立德树人。

"红领巾道德超市"是学校在全省首开先河的一条德育途径。校内设立一间售卖学习、生活用品的小超市，但并没有售货员，也没有监控设施，购买者挑选物品后需自觉将钱投入旁边的收钱箱内，自主找零，因此名为"道德超市"。由学生任职的超市管理员每天放学后进行记账及摆货管理工作，每周整理结算报表。此举不仅培养了学生诚实守信的品质，还将结余利润投放到红领巾爱心基金会，用来资助那些品学兼优的家庭困难学生。在整个过程中，学生们买来方便、收获诚信、奉献爱心，还锻炼出一批批道德超市小管理员、核算员、理货员。

大自然的无私与博爱滋养着万物，我们号召学生与大自然牵手，用心感受自然的气息，维护身边的环境。"护绿小队"的孩子们给校园里的每一棵小树挂上精美的认领卡，每天给小树浇水、施肥、修枝、剪叶，感受生命的奇妙，体验付出的欣喜；"环保小队"的学生与社区居民一起清理白色垃圾，给公共电话亭"美容"，还"送妈妈一个布袋子，给地球一个美丽的家"；"变废为宝"兴趣活动小组的学生用废旧的布料、毛线、塑料绳、一次性纸杯（餐盒）、纸碟、易拉罐、汽水瓶等，制作出精美的装饰品，让生活更加亮丽……

三方合力，引领成长

作为国家级家庭教育实验基地之学校，学校、家庭、社会合力育人的精彩瞬间在校内外不断上演。

爱国主义升旗仪式上，杰出家长精彩的讲话，两代人庄严的队礼、铿锵的宣誓，震撼着全校师生；每学期一次的"教学开放日"，邀请家长到校听课、座谈，提出改进建议；"孩子未上学，家长先上学"的新生家长会，使孩子与家长们顺利完成幼小衔接；艺术节，学生与家长共同编排亲子文艺表演节目；感恩节，学生携手家长"共读一本书、共演一台戏、共种一盆花"；运动会上，家长、学生、教师接力赛不但呈现出拼搏的精彩，而且传递了亲情、师生情、家校情。

学校聘请社区的老党员、退休老干部、老教师为志愿辅导员，到校给学生讲身边模范的先进事迹，激励学生奋发有为，进取向上，还和武警部队、消防支队的官兵们开展"一日军营""今天我是好战士"等警校共建活动，聘请战士们担任校外辅导员，来到班级做教官、唱军歌、展军姿……学校、家庭、社会零距离接触，使教育形成合力，引领着每一个孩子健康成长，全面发展。

（作者为姜世香，四平市第二实验小学党总支书记、校长。原载于《中国德育》2013年第8期，有删改）

自 序
写给十八岁的女儿

下午，妈妈与你一同参加学校为你们精心准备的成人礼，见证你们人生中这一庄严的时刻，妈妈心里突然多了一种不舍。猛然想起一句话：所谓父女母子一场，只不过意味着你和他（她）的缘分就是今生今世不断地在目送他（她）的背影渐渐远去。

18个春秋，朝夕相伴，真的不舍得你长大，尤其是你告诉我考大学想要考到远方的时候，你可知道妈妈的心里空空的。现在只要你在家，我们就每天在一起谈天说地，开心嬉闹，是你给我们带来了快乐，给平淡的生活增添了色彩，让我们倍感生活的美好。但"天高任鸟飞，海阔凭鱼跃"，作为妈妈，当然希望女儿实现自己的理想，永远幸福。所以，无论你如何选择，我们都支持，但无论你走到哪里，妈妈的心都牵挂着你，和你息息相通。

女儿，从18岁开始，你的生命即将进入人生中最美好的时期，充满青春活力，充满理想和希望，但与此同时，你的肩上也多了一份责任与担当。从现在开始，你要更加努力奋斗，学会独立自主，学会与人相处，学会控制忍耐，学会宠辱不惊，学会善待自己，学会宽容他人……

关于独立，你常埋怨妈妈工作忙，对你"照顾不周"，你说当初你在天上选妈妈的时候，是看妈妈太可怜，没有小孩儿选我，你才选的我，爸爸这个"选一赠一的赠品"反倒更合格。知道这是你对妈妈撒娇地埋怨与玩笑，你说爸爸是生活管家，妈妈是心灵调剂师，但妈妈觉得，今生能成为你的妈妈真好，这是我最正确的选择。想一想：如果妈妈不努力工作，不优秀，你能那么喜欢我、信服我吗？所以无论是谁，只要你足够优秀，足够芬芳，蝴蝶自来！

小的时候，你不会洗头发、不会洗澡、不会独立写作业，现在的你不也都会了吗？所以你必须学会自己的事情自己做，妈妈不能充当你一辈子的拐棍，否则一旦离开拐棍，你将寸步难行，所以你觉得，这是妈妈的"照顾不周"，还是妈妈早就"预谋"的呢！但妈妈要嘱咐你的是，虽然妈妈主张你独立自主，但以后无论何时何地，你遇到什么困难和疑惑，都要告诉爸爸妈妈，我们永远是你坚强的后盾。

关于与人相处，你是个心直口快的孩子，你要学会控制、忍耐。18岁，意味着你已经成人了，在与同学、朋友相处时，千万不能口无遮拦，尤其是生气发怒的时候，更不能逞一时口舌之快而留有遗憾，等你走上社会时你会发现，能够无条件原谅你的人，只有你的爸爸妈妈，所以，话到嘴边一定要留半句，这也是给自己留有余地。

关于处事态度，你要学会宠辱不惊。你是个阳光快乐的孩子，喜怒总挂在脸上，这是长处，也是你的弱点，你要学会胜不骄、败不馁，以一颗平常心去对待身边的每一件事。成功时，要记住妈妈的二字嘱咐：淡定！受挫时，更要学着面对一切真实，接受一切不完美，永远心存善念，以平常之心去对待所有对我们公平或者不公平的事情，不要牢骚满腹，要学会低头做事，学会感恩，学会欣赏，学会宽容与忍让。愿你一直温柔向上，眼前尽是阳光，笑里全是坦荡，使自己永葆一份自信与坚定！

3年的寒窗苦读，3年的努力坚持，再过33天，你就要奔赴高考的战场，现在我们一家三口人在一起奋斗的日子真好！有人说，没有经历过中国式高考的人生是不完整的，高考是对一个人意志力、体能、心态、智力、斗志、抗打击、抗挫折等全方位锤炼的过程，它会让你更成熟、更坚强、更睿智，更能学会去面对未来的一切挑战。人生肯定要经历几个大的转折阶段，每个大的转折阶段总是要苦一阵子，这样才能甜一辈子。"故天将降大任于是人也，必先苦其心志，劳其筋骨，饿其体肤，空乏其身，行拂乱其所为，所以动心忍性，曾益其所不能。"你目前的状态非常好，加油！坚持住！在战略上重视，学会自律，学会坚持；在战术上放松，以一种放松的心态去迎接挑战，努力就好！

迈过成人门，走上成才路。女儿，成人礼不仅仅是一种形式，更是一种唤醒、一番激励、一份期待，在这样一个特殊的日子里，爸爸妈妈为你祝贺！女儿，未来的路还很长，向着美好的未来出发吧！既然选择了远方，便只顾风雨兼程！不管走多远、飞多高，爸爸妈妈永远在你身后，做你坚实的靠山，当你最温暖的港湾！

写于 2019 年 5 月 4 日

（注：当时女儿高宁璐在四平市第一高级中学读高三，还有 33 天就要高考。学校为所有的高三学子举行了一场隆重的成人礼，当时是学生和家长一同参加。参加完成人礼之后，有感而发写下了这篇文章。如今，女儿已经是长春师范大学外国语学院大四的学生。）

目　录

上编　理论编

下编　实践编

上编　理论编

第一章　践行社会主义核心价值观，引领孩子成长

社会主义核心价值观是社会主义核心价值体系的内核，体现社会主义核心价值体系的根本性质和基本特征，反映社会主义核心价值体系的丰富内涵和实践要求，是社会主义核心价值体系的高度凝练和集中表达，激起了我们广大教育工作者的共鸣。

少年智则国智，少年富则国富，少年强则国强，少年儿童是祖国的未来，是中华民族的希望。培育和践行社会主义核心价值观，要从小抓起，从学校抓起，让社会主义核心价值观的种子在孩子心中生根发芽，枝繁叶茂。

一、丰富活动，潜移默化入童心

社会主义核心价值观对于小学生来说，是高度抽象的概念，只有在实践中才能获得生命力，被学生理解和接受。

第一，通过校园广播、主题板报、德育长廊等途径加大宣传力度，让墙壁学会说话。

第二，开办道德讲堂，通过请教师讲，学生说、唱、跳、演等方式让学生真正地理解什么是社会主义核心价值观。

第三，通过课堂主渠道，进行有效渗透，让学生将社会主义核心价值观的内容熟记于心。

第四，组织开展主题系列活动，让学生把社会主义核心价值观内化于心、外化于行。

四平市第二实验小学开展"大手拉小手，千人诵国学，同升一面旗，共唱一首歌"活动，通过每周一的爱国主义升旗，使中华瑰宝经典国学进校园，将"爱国"这项社会主义核心价值观内涵以活动的形式牢记于心中，同时邀请各行各业的杰出家长在国旗下讲话，增设国旗下荣誉时刻，树立学生中的榜样，激励大家将随手可做的孝亲、敬老、诚信等践行社会主义核心价值观的身边事做好，将社会主义核心价值观潜移默化于学生心灵。

二、立足自身，从小事实事做起

我们对孩子进行社会主义核心价值观教育时，应结合学生的生活实际，从小事、实事入手，从细节入手，告诉他们具体应该怎样去做。

如：孩子们都知道要保护环境，但看见地上的垃圾，却视而不见；都知道"粒粒皆辛苦"，却将剩饭剩菜倒入垃圾桶里；都知道要热爱祖国、报效祖国，却羡慕国外的生活。作为教师，对这些要及时纠正。践行社会主义核心价值观就是由一系列小事组成的。

又如：孝敬父母、尊敬教师、关心同学、讲文明懂礼貌、节约资源、有爱心等。作为学校，要坚持不懈地从学生日常行为习惯抓起，通过评选"美德少年""十、百、千优秀学子"，争得"七色道德卡"等，培养学生的良好习惯，引导学生认同和践行社会主义核心价值观。

再如：组织学生走进社区，开展小志愿者服务活动，通过"当一回楼长、清除一铲积雪、认养一棵小树"等活动，在实践中增长为人民服务的本领。

第二实验小学的育德长廊里有一棵培育20多年的"爱心树"，红色的果实记录了每年爱心基金的数额。从1996年开始，学校少先大队成立红领巾爱心基金会，开展"每天节约一分钱，颗颗硬币献爱心"的活动，共筹集爱心基金40多万元，为千余名贫、病、困学生解决燃眉之急，与贫困小伙伴、小病号手拉手，为灾区捐款，孩子们从中学会节约、懂得奉献，也收获了快乐。通过这样的活动，社会主义核心价值观的种子就会悄悄地在学生心中生根发芽。

三、学以致用，重在知行合一

在价值观的教育上，教师不仅要把抽象的道理具体化，还要把具体的事例进行总结提升。

如第二实验小学开设的无人售货的"红领巾道德超市"，正是培育社会主义核心价值观的有效载体，在这个特殊的小超市里，无人售货、无人监管、没有监控，同学们想买什么就自己拿，交钱找零全凭自觉。由学生任职的超市管理员每天记账，每周整理结算报表。结余资金用来资助品学兼优的家庭困难学生，学生在"红领巾道德超市"里不仅买来方便，收获诚信，更奉献了爱心，同时也提高了管理能力和服务意识。正是像这样的活动，使得孩子们从身边的点点滴滴学会了如何做人与做事。每个学生都能牢记社会主义核心价值观24个字，精心制作卡片，写出自己代言的童稚话语，表达自己的感悟，向伙伴们讲述："爱国就是跟党走"；"敬业就是好好学习，天天向上"；"友善就是乐于助人，快乐自己"；等等。

有两名同学，在校门前捡到一个装有8000余元现金及多张银行卡的钱夹，他们拾金不昧，主动联系学校、家长，在媒体的帮助下，历经21天，终于找到了远赴德国的失主。他们的行为诠释了社会主义核心价值观的内涵，被授予"最美小学生"的光荣称号，为全校师生树立了道德的典范。

学校无小事，处处能育人。教师要从身边的小事做起，让社会主义核心价值观扎根于孩子的心灵，让他们在社会主义核心价值观的指引下幸福成长。

第二章 "三红"党建，引领学校高质量发展

影响一所学校发展的因素有很多，汲取红色力量，打造红色校园，是引领学校高质量发展的最强大的力量之源和最稳固的办学之基。在英雄城四平美丽的南河岸边，有一所家长依赖、学生喜爱的学校——四平市第二实验小学。它以立德树人为使命，以办人民满意学校、打造幸福教育为宗旨，成为全国首届文明校园。学校始建于1984年，现有教师194人，学生3872人。建校以来，学校始终坚持党建工作对学校一切工作的统领，形成了"铸红魂、植红根、育红心"的"三红"党建品牌：

从学校层面，坚持红色引领，铸牢发展之魂；

从教师层面，践行红色初心，培植爱岗敬业之根；

从学生层面，传承红色基因，培育家国情怀之心，点燃了学校高质量发展的"红色引擎"。

一、铸红魂：坚持红色引领，铸牢学校发展之魂

1.明确地位，构建学校管理核心

学校在办学过程中，始终坚持党的领导，认真贯彻党的教育方针，把学校党组织建设摆在学校建设发展的核心位置。

学校实行党组织与行政领导班子成员"双向进入、交叉任职"制度，党组织书记、校长"一肩挑"。学校党总支下设两个党支部，现有党员62名，占全校教师总数的32%。

建立党建工作联席会议制度，共同解决党建工作重点难点问题。每年定期召开议党和专题议党会议，凡是有关学校发展的重大事项都先纳入校党总支委或党员大会讨论审议。确保校党总支委在学校管理中的核心地位。同时，将支部建在年级组，不仅更紧贴教学实际，让党员有归属感和认同感，还让更多非党员教师耳濡目染、接受教育，主动向党组织靠拢，为党组织注入新鲜血液。

2.铸就精神，构筑学校美好愿景

学校的党建工作和中心工作相辅相成、相互促进。每年校党总支委制订的党建工作计划及"三会一课"的内容都会以特定时期的中心工作为落脚点，把全校党员教师的思想和认识统一到学校教育的和谐发展上来，把智慧和力量凝聚到实现学校特色发展、幸福教育的总体办学思想上来，从而构筑了学校发展的美好愿景：让学校的每一天都充满向上的精神，让教师的每一天都体会执教的幸福，让学生的每一天都收获成长

的快乐。

3.建章立制，建强组织战斗堡垒

在制度建设上，学校党总支组织编写学校《党支部工作细则》《学校日常工作量化考核标准》《学校制度汇编》等，依托"1534"党建工作法，有效激发了党组织活力，加强了党组织管理，使党总支的工作走上制度化、规范化的轨道。

"1"：打造一个党建特色品牌，即"三红"特色党建品牌。

"5"：建立"五双"工作机制。一双：双向引领，即政治引领、学校发展引领；二双：双向进入，即总支党员进入行政任职、行政人员进入总支任职；三双：双向培养，即党员培养成骨干名师、骨干名师培养成党员；四双：双向促进，即党建品牌提升学校形象、学校形象塑造党建品牌；五双：双向联动，即线上与线下互动、理论与实践结合。

"3"：实施"三项"工程，即干部示范工程、党员先锋工程、教师形象工程。

"4"：开展"四项"服务，即面向全体学生开展"成长式"服务、面向学生家长开展"满意式"服务、面向社区社会开展"志愿式"服务、面向特殊群体开展"帮扶式"服务。

4.注重团结，促进学校和谐发展

学校党总支委在参与学校管理中严格执行民主集中制，班子勤政廉洁，风清气正，紧密团结全校全体师生，广泛邀请民进等民主党派的同志和广大师生共同参与学校各项决策部署，实行党务、政务、财务公开制度，各项重大事项都严格执行"三重一大"民主管理和教代会制度，特别是关系到教职工切身利益的日常考核、评职晋级、评先选优等，极大增强了学校的凝聚力，在全校范围内营造了既民主又集中、既严肃又活泼的政治氛围。

二、植红根：永葆红色初心，培植爱岗敬业之根

教师队伍的发展是学校发展的根本，学校党总支以习近平新时代中国特色社会主义思想为指导，以争做党和人民满意的"四有"好老师和学生"引路人"为目标，实施"名师兴校"战略，以党员干部为榜样，以党员名师为引领，真正以优良的党风促校风强师风，培养出了一支形象亮、管理新、教学优的教师队伍。

1.抓学习，筑根基

学习是一个永恒不变的话题。学校党总支充分发挥"学习强国"、党建微信群、新时代文明实践站等学习平台的作用，开展线上学习，在线下采取集中学习和分散自学的形式，组织全校教师学习习近平总书记系列讲话及中央省区市各项部署及教育管理新理念、新要求，强化思想引领，通过组织开展"三会一课"、书记上党课、专题讲座等形式践行党的宗旨，坚定理想信念，召开"学党史、悟思想、办实事、开新局"专题组织生活会，认真查找自身不足，列出问题清单，开展批评和自我批评，制定整改措施及时整改，严肃认真地进行党员民主评议，铸牢党性党魂。

同时，将"两学一做"学习教育经常化、常态化，并深入开展党史学习教育，做到"六有"，即有动员部署会、有实施方案、有工作计划、有制度机制、有专题读书班，更有具体实效。全体教师学史明理、学史增信、学史崇德、学史力行，有效提升了学校党员队伍的整体素质，增

强党组织凝聚力和战斗力。

2.亮身份，做表率

学校领导干部是学校党建工作的核心，是学校施政成效的关键环节。学校党总支始终坚持"党管干部"原则，实行领导任课听课制，制定一日工作流程，实行岗位公开制、周一干部例会制、年末述职及群众满意度测评制，督促引导领导干部做好"四个榜样"，即精神榜样、行为榜样、教学榜样、服务榜样，学校的24名中层及以上领导始终坚持奋斗在教学一线。

树立一个党员就是一面旗帜，设立党员示范班、党员先锋岗、党员先锋组，建团队，成立省级党员英语名师工作室1个，开展丰富多彩的主题党日活动，包括艺术展演、亲子诵读、党史知识竞赛、师生书画展、趣味运动会等形式，教育全体师生知党史、感党恩，坚定跟党走的信念。

开展关爱贫困学生的党员志愿服务活动，组织党员走进周边社区，清理环境卫生，完成居民微心愿，切切实实为学生和群众办实事、解难题，使党员成为学校发展的中坚力量，让党徽在为群众服务中熠熠生辉。

3.强师德，提师能

学校党总支从铸魂、养形、炼技、修身四个方面引领教师成长。

在铸魂方面，进行教师国旗下宣誓，举办先进教师事迹交流会，每3年评选一次学校"最美教师"，将学校里的榜样汇编成《在感动中前行》一书，弘扬正能量。

在养形方面，实行"三包"责任制，即领导包年组，党员包班级，教师包学生，全面加强师德师风建设，召开师德师风动员大会、承诺大会、讨论大会、恳谈大会，营造风清气正的校园环境。

在练技方面，开展"654321"师培工程，即"6课""5培""4技能""3写""2读""1活动"，练就过硬的教师基本功。

在修身方面，实施"三个打造"，即打造健康身体、打造阳光心态、打造和谐之风。开展"诗情抗疫·三八诗会"、"红色引领强信念，绿色健体励志行"健步走、"书香致远，悦读时光"读书沙龙等教职工文体活动，每季度编写一册校刊《和风》、一期校报《雏鸣》，让大家每天健康快乐地工作与生活，打造了一支师德高尚、教艺精湛的师资队伍。把师德表现作为教师资格注册、年度考核、职称评审、岗位聘用、评优奖励的首要标准，实行师德"一票否决制"。

4.树名师，促发展

学校一切工作的落脚点最终都要落在教学质量上，教学工作就是学校的生命线。

学校党总支开展"名师工程"培先选优树立党员名师标杆，采取"请进来、走出去"等多种方式开拓教师视野，加大教师培训投入力度，发挥党员名师的模范作用和辐射带动作用，开展外出学习汇报课、经验交流会，促进全体教师共同成长。

目前，学校有全国优秀教育工作者、全国优秀教师、全国优秀大队辅导员、省特级教师、省优秀教师、省优秀班主任、省学科带头人、省骨干教师、省教学精英共34人，省、市级劳动模范各1人，市优秀党务工作者1人，市学科带头人、市级骨干教师、市教学精英共43人，区骨干教师和区名师共53人。另外，有教育部命名的国培专家1人，建立了以党员教师陈力命名的省级英语名师工作室。市级以上荣誉党员占比60%。名师成为学校亮丽的名片。

三、育红心：传承红色基因，厚植家国情怀之心

红色基因如何传承，是学校党总支一直深入思考的重要问题。学校党总支以习近平总书记的教导为引领，为党育人，为国育才，培育新时代中国特色社会主义合格的建设者和接班人。

1.红色文化，环境熏陶

学校党建活动室里，百年党史图板，使全校师生学党史、知党情、感党恩、跟党走。学校"两学一做"专题党建专区，记录着全体党员争当先锋的感人事迹。

学校教学楼德育长廊里，雪白的墙壁映衬着30多年的辉煌校史。操场上"24字社会主义核心价值观"格外醒目。标志性建筑"幸福实验号"与音乐花坛相映成趣。各种运动标识让校园充满活力。书画长廊里展示着师生的优秀书画作品。"科技星空"里孩子们体验科技魅力，放飞科技梦想。荣誉室内，满屋子的牌匾、证书、奖杯赫然在目，交汇出一道道璀璨夺目的校园风景，演绎着教育的精彩和幸福，使师生在潜移默化中受到滋养。

2.活动践行，薪火相传

学校党组织紧紧围绕落实立德树人根本任务，以开展"党建带队建·红领巾心向党"活动为抓手，探索了一条加强素质教育和未成年人思想道德建设的新路径。

每逢重大节日和纪念日，党员师生一起开展"党旗映队旗、师德引

领品德美"系列活动，一起参观战役纪念馆，一起去塔山、去一江三岛、去红色教育基地追寻红色足迹，一起走进漫山里开展研学旅行，一起走进英雄广场和周边社区爱绿护绿、美化家园。

每周四红领巾广播站里的"四史"小故事，引导学生知党史、感党恩，从小立志做红色传人。社区的老党员、老干部的精彩讲座，让全校师生更加了解英雄模范的先进事迹，珍惜今天幸福生活的来之不易。已成立26年的学校红领巾爱心基金会先后筹集爱心基金40余万元，为贫病困学生解了燃眉之急。红领巾道德超市首开全省先河，多次迎接国家、省市领导检查调研……帮助青少年学生扣好人生第一粒扣子，引导学生感党恩、听党话、跟党走，让红色薪火代代相传。

3. 创设舞台，幸福成长

学校党总支充分发挥党员教师的特色专长，落实党员教师"先锋岗"，制计划、亮承诺、做实事，组建了树人书画苑、飞天科技发明小组、金帆管乐团、爱之乐合唱团、俏娃娃舞蹈团等兴趣才艺社团及活动小组。

树人书画苑十名小画星曾走进人民大会堂，参加全国第十届校园春晚并现场作画，受到了领导的亲切接见。俏娃娃舞蹈团走进北大百年讲堂，参加全国魅力校园综艺盛典，荣获金奖。学校金帆管乐团也曾赴北京参加全国第四届"青春乐章"青少年管乐队展演，荣获"银号角管乐队"称号。大型团体操《向快乐出发》，在市区运动会展演，并获省级一等奖。飞天科技发明小组的孩子们连续14年代表四平市参加吉林省科技创新大赛，有300余人的科技小发明获金银奖，6名同学的小发明获国家知识产权局颁发的实用新型专利证书，3名学生获省长鼓励奖。

学校定期开展艺术节、合唱节、田径运动会、趣味运动会、跳绳比赛、拔河比赛、亲子诵读、古诗词大赛、小干部竞选活动以及家长参加的毕业典礼活动等等。连续多年开展由家长参加的毕业生典礼，感恩父母、感恩母校、感恩老师、感恩同学，充分挖掘每个孩子身上的闪光点，树立自信。

精选教师编撰完成校本教材《经典诵读》1—6册，以经典绘人生底色，以国学塑民族灵魂。

4.强化安全，规范管理

安全是学校工作的重中之重。学校实施"1234"安全管理法：建好一支队伍，即安保、值岗、值周和班主任培训队伍；做好两个落实，即责任落实、制度落实；把好三个关口，即饮食安全关、校门出入关、大型集会秩序关；做到四个坚持，即坚持每日安全巡查、坚持安全主题教育、坚持网络安全管理、坚持心理健康辅导。确保把安全工作细化、常态化，无缝对接。

同时，在学生行为习惯养成教育上，学校实施"4321"行为工程，即"四条线""三管住""二无声""一特长"。

"四条线"：上放学走路一条线、自行车摆放一条线、走廊内右侧通行一条线、课间操站队一条线。

"三管住"：管住自己的嘴不说脏话、不随地吐痰，管住自己的手不乱扔纸屑、不折花草，管住自己的脚不乱踢乱踏。

"二无声"：大型集会鸦雀无声，课间室内无大声喧哗。

"一特长"：人人有才艺，个个有特长，用爱的规范塑造品性。

做到班班有评比，人人有规范，培养学生的良好习惯，乘势引导学生认同、遵行社会主义核心价值观，促进学生综合素质的全面提升。

5.全员互动，合力育人

教育不是单打独斗的，是依靠家长、社会方方面面的力量来完成的，要充分调动家长、社会方方面面的力量合力育人。作为国家级家庭教育实验基地校，学校、家庭、社会合力育人的精彩瞬间在校内外不断上演。

在每周一的爱国主义升旗仪式上，有各行各业精英和杰出家长的精彩讲话，有两代人庄严的队礼、铿锵的宣誓，有小手拉大手、千人诵国学，更有精彩的"四史"小故事、奥运小故事，引导学生爱党爱国，立志做红色传人。

"孩子未上学，家长先上学"的新生家长会，使孩子与家长们顺利完成幼小衔接；艺术节，学生与家长共同编排亲子文艺表演节目；感恩节，学生携手家长"共读一本书、共演一台戏、共种一盆花"；学校聘请社区的老党员、退休老干部、老教师为志愿辅导员，到校给学生讲身边模范的先进事迹，激励学生奋发有为，进取向上；和武警部队、消防支队的官兵们开展"一日军营""今天我是好战士"等警校共建活动，聘请战士们担任校外辅导员，来到各个班级做教官、唱军歌、展军姿……学校、家庭、社会零距离的接触，使教育形成合力。

"三红"党建有效地增强了校党总支的政治功能，加强了学校管理，形成了人人争当先锋，事事为学校的主人翁意识，大家心往一处想，劲往一处使。学校的教师队伍素质有了整体提升，形成了风清气正、比学赶超的向上氛围，从而有效地推动了学校各项工作稳步提升。

"抓品牌、重内涵、求特色、上品位"，是我们教师矢志不渝的追求；向着"全国名校"的目标迈进，是我们教师永不停歇的脚步！如今，我们的学校在"三红"党建的引领下，正乘着"幸福实验号"这艘巨轮，满载着希望与梦想，努力实现新起点上的新跨越，向着更高更远的目标迈进。

第三章　感恩教育，引领成长

　　吉林省四平市第二实验小学作为全国文明校园、全国百所德育科研名校、全国红旗大队之一，不断丰富教育内容，改进工作方法，优化教育手段。学校以感恩教育为切入点，积极探索，增强了教育的实效性，取得了可喜的育人效果。

一、感恩启蒙，在熏陶中引领思想

学校积极营造育人环境，用环境熏陶、文化陶冶让学生经历感恩，并着力开通家庭、社会教育途径，为感恩教育的启蒙工作打下良好基础。

1.在创新育人环境中营造浓厚的感恩氛围

为了给学生创造一个处处经历感恩的文化氛围，学校在绿化、净化、美化的基础上力求增加其德育含量。

从育人小品到名人画像，从育人壁画到庄严升旗台，从礼、义、廉、耻、忠、孝、仁、悌八个方面的《论语》《三字经》《弟子规》展板到彰显学校特色的德育滚动屏，从至理名言到党的方针政策、校训、班训，做到让每一块墙壁都学会说话，每一个角落都长着一双关注学生经历感恩的眼睛。

同时，让学生参与设计、参与管理、参与活动，自行美化班容班貌。在班级里，为每位学生提供一个感恩小窗口，记录学生点点滴滴的感恩心得。

所有这些具有特色的育人环境，使学校感恩教育充满人文性、教育性、主题性，为学生营造了浓厚的感恩氛围。

2.在开展经典诵读中拓展丰富的感恩内容

多年来，学校的感恩活动深入人心，为使教师、家长和学生把懂得感恩内化成一种做人的修养，学校开设了经典诵读校本课程：一、二年级学生诵读《三字经》，三、四年级诵读《弟子规》，五、六年级诵读《论语》。

学校利用每天早晨课前 10 分钟时间，进行"咏爱国诗词，诵道德童谣"活动，号召：低年级同学人人会背囊括爱国、环保、礼仪等方面朗朗上口、充满童趣、有深刻教育意义的道德童谣；中高年级同学人人会背脍炙人口、催人向上、充满爱国情感的古今诗词，体味诗人慷慨激昂、忧国忧民、自强不息的爱国情感，奏响感恩祖国、感恩社会、感恩亲人的乐章，从而让学生感受到传统文化的魅力，学会做人的道理。

3.在教育合力中探索互动的感恩道路

为确保学校感恩教育活动能够在家庭、社会中得到滋养，学校做好先行工作，调整家长学校课程，利用讲座、座谈会等形式帮助家长扭转心态，树立正确的教育观念。

同时，学校共聘请了 61 位家长作为各中队的校外辅导员，聘请四平市关工委主任为学校总辅导员，指导学校的感恩教育活动，指导家长学会亲子、教子。成立社区关心下一代委员会，共同制订感恩计划，提供感恩活动实践基地，为感恩作业行动的顺利进行奠定了扎实的基础。

二、感恩体验，在活动中主导行为

感恩教育的有效途径之一是活动经历。学校坚持活动育人，让学生在经历中成长，在实践中求知，扎扎实实地开展学校感恩活动。

1.爱心培育，在主题活动中经历感恩的内涵

人要懂得饮水思源、知恩图报。

学校以尊重、感恩、爱心为出发点，设计了以"感谢有你"为主题的五大感恩教育活动，即"感谢父母""感谢老师""感谢小伙伴""感谢大自然""感谢社会"。

利用课间操、国旗下的讲话等多种形式进行广泛宣传，组织各中队积极开展主题中队会，从中择优进行全校的主题班队会观摩活动。举办"让感恩和孝道与爱同行"故事演讲赛。举办感恩书画展。利用"每天课前一支歌"的时间，歌唱感恩歌曲……

通过以上以"感谢"为主题的系列活动，让学生体会父母的养育之恩、老师的教导之恩、伙伴的帮助之恩、自然的赐予之恩、社会的关爱之恩。

2.爱心浇灌，在实践体验中经历感恩的情怀

大自然的无私与博爱滋养着万物，但有些人越来越忽视了对它的呵护与感恩。学校号召同学们与大自然牵手，用心感受着山川的博大、树木的秀美。

"护绿小队"的同学给校园里的每一棵小树挂上精美的认领卡，每天给小树浇水、施肥、修枝、剪叶，体会着小树苗壮成长的快乐，在家里家长和学生共同培育盆花，养小鱼，让生活更有情趣。"环保小队"的同学与社区居民一起清理白色垃圾，给楼道墙壁"美容"，"送妈妈一个布袋子、给地球一个美丽的家"，让环境更加洁净。"变废为宝"兴趣活动小组的同学们用废旧的布头、毛线、塑料绳、一次性纸杯（餐盒）、纸碟、易拉罐、汽水瓶等，制作出精美的装饰品来装点生活，让生活更加亮丽……

上述活动的开展，提高了学生的环保意识、生态意识，锻炼了学生的动手操作能力、实践能力和创新能力，使学生热爱劳动、懂得珍惜，从而感恩大自然。

3.爱心倾注，在辛苦与感动中经历感恩的诚意

孩子的健康成长离不开父母、老师和社会各界人士的关爱，而现在有些独生子女把这些视为理所当然的。

学校倡议学生"记录自己的成长账单"，并做到"六个一"，即：为父母做一道"孝子菜"；给爸爸或妈妈洗一次脚；给爸爸或妈妈捶一次背；过母亲节或父亲节时陪爸爸或妈妈做一件她或他最想做的事；写一篇感恩亲情的日记；参与一次长辈的家务劳动或工作，去感悟创业艰辛、励志学习。

每年隆重的毕业典礼是我校感恩教育的亮丽风景，学生在一次次触动心灵的感动和真诚流淌的泪水中感受到师恩难忘。每年的"快乐体育节""快乐艺术节""快乐科技节"，我们都邀请热心教育的家长参加，在活动中，家长不仅积极献计献策，还以饱满的激情参与活动，拉近了教师、家长和学生的距离，学生充分体验到被老师和父母关爱的快乐。

在关爱孤寡老人和残疾人活动中，学生自发成立了"感恩志愿服务社团"，为南河社区的弱势群体提供服务，并发出倡议为他们寻求更多的帮助。组织学生们慰问"空巢老人"，给他们送上温馨的祝福，让学生体会到了"赠人玫瑰，手有余香"的快乐，并懂得了优越的生活环境来之不易，这一切都源于安定和谐的社会环境，我们每个人都要心存感激。

4.爱心储蓄，在勤俭节约中经历感恩的快乐

孩子的成长过程，离不开伙伴的相互依赖和相互支持。

在"感谢有你——我的小伙伴"活动中，学生自发成立"变废为爱"资助特困学生活动小组，同学们把用过的废纸、空塑料瓶、易拉罐回收起来，卖后挣得的钱买来学习和生活用品送给贫困学生。

南河社区的老人们则帮助学生在社区活动中心放置了"帮助特困学生、保护环境"的大回收箱，同学们与家长们一起和这些特困生结成"对对碰小伙伴"，进行了"一天互换爸爸、妈妈"的体验活动，从而用小手拉大手，带动全社会的人都来关心和爱护这些弱势群体。

5.爱心汇聚，在无私奉献中经历感恩的真情

一分钱是微小的，可若干个一分钱汇集起来，不就是一股巨大的洪流吗？

学校从1996年成立感恩互助爱心基金会，开展"每天节约一分钱，颗颗硬币献爱心"活动。26年来，共筹集爱心基金40多万元，为许多贫困学生解决了实际生活困难。每学期学校都会利用这项基金为家境贫困的学生购买校服、保险、学习用品、衣物；为一些生病的孩子如白血病患儿专门送去爱心基金46 891元，解决患病学生及家长的燃眉之急。

同时，少先队员们去四平市儿童福利院、敬老院献爱心，为汶川灾区、西南旱区献爱心，感受到助人的快乐，意识到自己的社会责任。

三、感恩积累，在实践中生成品质

多年来，随着感恩教育的不断研究实践，我们认识到现代教育实际上就是以学校教育为主阵地，"三育"（即学校教育、家庭教育、社会教育）联动，扬长避短，优势互补，把教育的触角伸向广阔的空间，多层面、多层次地实验、探索。学校在感恩实践经历中生成品质，取得了前

所未有的教育成果。

首先，使鲜活的学生个体成长进步。感恩活动，培养了学生知恩图报、孝敬父母、关心他人的好品质，同时，锻炼了学生的劳动能力、表达能力以及创新能力。

其次，感恩教育行动在学校形成传统活动项目，如毕业典礼、感恩中队会、"每天节约一分钱，颗颗硬币献爱心"活动、一日体验他人工作等等。这些活动深受学生喜爱，成为每年必做的实践项目。

最后，校本德育体系得到长足发展。《经典诵读》《经历教育》这些教育读本，使学校少先队工作更加凸显出特色。

我们坚信，一定会有更多的学生会在感恩教育中收获成长和幸福！

第四章　习惯教育的作用与警句

　　良好的习惯是一个人良好教养的体现，它涉及生活中的点点滴滴。教育就是培养一种习惯的理念和内涵，逐渐得到发展，习惯教育对小学教育培养目标发挥了影响作用。教师是学校教育实现教育目标、完成教学任务的主力军，因此，教师自身是否具有习惯教育理念直接影响其教育质量。当然，家庭、社会等校外的力量，对习惯的养成也起着重要作用。国内外有许多关于习惯的名言警句。

一、习惯教育的作用

习惯教育，关乎一个人的成长成才，涉及学校、家长、社会多方面的努力，内涵丰富，意义重大。下面列举若干，以飨读者。

1. 习惯教育有助于抗灾

2011年3月11日，日本近海发生大地震，随后而至的海啸给海岸民众带来巨大的灾难。尽管此后日本政府的救援工作和对福岛核电站危机的处置饱受质疑，灾后的重建工作任重道远，但我们通过电视、网络等媒体对此次地震的报道，了解了灾难的本身，另外，令人印象深刻的一点就是：当地普通民众在地震来临的瞬间，表现出镇定和有秩序。人对于灾难的恐惧，与生俱来，而当地人面对地震的反应，似乎冷静过了头，不太正常。有人把这种现象归结于民族性，有人从素质高低的角度来大加评论，尽管这些言论都有一定的道理，但是，我们不应忽视的一点是：日本是一个自然灾害频发的国家，所以日本政府向来重视对普通老百姓进行地震等灾害的教育，中小学一般都把防灾教育列入学校正式教育计划中，编制符合学生年龄特点的防灾教育课程。如：在理科、社会等课程中指导学生学习地震发生的原理、所在地区的自然环境以及过去所遭受的自然灾害的特征等；在道德课、综合学习课、课外活动中培养学生的防灾意识，讲解日常生活中防灾的注意事项、灾害发生时应采取什么行动，以提高学生防灾的实际技能。防灾演习是把学生平时习得的知识和技能运用于实践的一项综合活动，日本各校分别针对地震发生在课上、课间、放学回家途中等不同情形进行各种训练，并请防灾教育专家或当地消防员来指导，总结每次训练的不足之处，以便下次演练时改进。因此，有人说，日本人是在地震中震习惯了，也是在防灾演习中演练习惯了。不过，请不要小看"习惯"二字，"习惯"在关键时刻能让人采取正确的避险行为，从而避免无谓的伤亡，而习惯形成的原因正是当地学校持之以恒的防灾教育，也就是习惯教育。[①]

2. 习惯教育有助于选拔人才

20世纪60年代，苏联发射了第一艘载人宇宙飞船，宇航员是加加林。他被选中，原因有多种，但有这样一个有趣的小故事：当时挑选第一个上太空的人选时，几十名宇航员去参观他们要乘坐的飞船，进舱门的时候，只有加加林一个人把鞋脱下来了。他觉得：这么贵重的太空舱，怎么能穿着鞋进去呢？就是这样一个小动作，让主设计师非常感动，他想：只有把飞船交给一个如此爱惜它的人，才放心。在他的推荐下，加加林就成了人类第一位飞上太空的宇航员。所以有人开玩笑说，成功从脱鞋开始，也就是说，成功从好的习惯开始。

3. 习惯教育有助于塑造人才

有这样一本书，叫《母爱是什么》，记录了一位母亲在15年中含辛茹苦把出生时只有500克重的早产盲女培养成杰出少女的感人故事。故事贯穿着一个基本信念：孩子总是要长大的，总是要离开父母走向社会的，只有让孩子积极做好了探寻人生之路的思想准备，这才是最好的心态，是难能可贵的东西。培养孩子良好的习惯，是让孩子受益一辈子的无价之宝。这位母亲是一位苦命的女子：从小寄养在外祖父母家，15岁开始自立谋生，30岁才拥有自己的小店，但不幸的是，怀孕不久，孩子

---

①余璐.从"日本大地震"看习惯教育［J］.好家长，2011（13）：4-7.

的父亲死于交通事故，生下的早产女婴只有500克重，而且是个盲女。命运给她带来了太多的不幸，但她没有被不幸的命运击倒。她坚强，有耐心，不屈不挠，默默努力，不但支撑起了风雨飘摇的家庭，而且将500克重的盲女培养成了身心健康、闻名全国的杰出少女。女儿学会了自理生活、做家务、骑自行车、读书写作，创造了在全国演讲大会获得冠军的奇迹，她写的自传《在黑暗中拥抱希望》出版后引起轰动，成为畅销书。在这本书里，我们看到，这位母亲有意识地甚至是"残酷"地培养盲女必须养成学会"吃苦的习惯"、学会"自知之明"的习惯、学会尊重人的习惯。

4. 新时代教育需要习惯教育

新时代教育要全面贯彻党的教育方针，落实立德树人根本任务。在立德树人中，要培育和践行社会主义核心价值观这一基本要求，要高度重视养成教育。"少成若天性，习惯之为常。"青少年的价值取向决定了未来整个社会的价值取向，而青少年又处在价值观形成和确立的时期，抓好这一时期的价值观养成十分重要。这就像穿衣服扣扣子一样，如果第一粒扣子扣错了，剩余的扣子都会扣错。人生的扣子从一开始就要扣好。对于少年儿童来说，养成教育尤其重要。"养小德才能成大德。"要从小做起，就是要从自己做起、从身边做起、从小事做起，一点一滴积累，养成好思想、好品德。新时代以立德树人为根本任务的中国特色社会主义教育、"国民素质和社会文明程度达到新高度"的国家教育等事业远景目标，进一步彰显了"养成良好习惯"教育思想的时代价值。"养成良好习惯"教育思想的创新实践和发展，必将有助于推动广大中小学校以及幼儿园更好地遵循教育规律，深化教育教学和管理改革，为坚持立德树人，增强学生文明素养、社会责任意识、实践本领，培养德、智、体、美、劳全面发展的社会主义建设者和接班人而作出新的贡献。①

5.家庭教育需要习惯教育

学生之间的差异，归根结底是他们在良好习惯养成方面存在的差距；一个学生在某方面跟其他学生有差距，仔细分析，还是在这方面的习惯养成上不好。②

有这样一位父亲，在网上发表了下面文章：③

做孩子的朋友

作为父亲，我出生于一个传统的农村家庭。父辈和我都是在"棍棒下出孝子"的"土教育"理念下长大的，我也多少受这个观念的影响。因此，在女儿上幼儿园的时候，我都采取"专制"的态度去教育她。我说什么，她必须听，否则，我就大声呵斥。事后，又觉后悔。表面看来，这种方式似乎有效果，一看我脸阴沉着，女儿立马不作声，一副战战兢兢的模样儿。久而久之，我发现事与愿违：女儿对我的"臣服"只是一种假象。她甚至有逆反心理，偶尔爆发出来，是在我的声色俱厉"教育"下，大哭不止。这种"哭"，充满怨恨和不满。

后来，我慢慢反思，开始尝试和女儿做朋友。有时遇到她犯错，想发脾气时，努力克制自己，细声细语地问清楚事情的缘由，再耐心和她讲道理。当然，有些话，她不一定能完全理解，但交流次数多了，小孩逐渐开始接受我的这种交流方式，更重要的是，这种和谐的言语和姿态，比起粗暴的教训，小孩

---

① 任苏民.叶圣陶"养成良好习惯"教育思想的创新实践和发展 [J] .中国德育，2021 (11)：16–19.

② 周建华.例谈学生习惯教育 [J] .教学月刊小学版（综合），2016（Z1）：82–84.

③ 参见 http://www.5068.com/etjk/672539.html。

更容易接受。我们成了"朋友"，我们之间的沟通就深入多了。渐渐地，孩子开始变得脾气也乖巧了。虽然我的女儿性格率直、有些倔强，但还是有不小的进步。女儿小时候性格特别犟，喜欢和别人争执，发起脾气来，有时把鞋都扔掉，经过引导，现在变得温和多了，在待人接物的过程中，能做到热情懂事、大方得体，特别是在和小朋友的相处当中，有着明显的进步。尤其值得骄傲的是，女儿非常活泼，语言表达能力很强，还经常出其不意地说出一些很漂亮的话来，甚至令我这个做父亲的都感到惊喜。用其他孩子家长的话来说："张羽菲很聪明，很会说话。"

做孩子的榜样

　　家长是孩子的第一任老师。此话一点不假，所谓言传身教，非常重要。起初我并未注意到这些，比如，因工作性质的需要和自己性格特点使然，我经常在外应酬。后来女儿就说："爸爸经常在外面吃饭，不陪我们。"话从女儿口中说出来，我心里一惊。虽然我有时是身不由己，但在孩子天真无邪的眼光里，我这种生活方式显然是"不健康"的。这让我不得不反思。

　　我的言行举止，对孩子影响之大，出乎我的意料。我开始注重自己言行举止和生活习惯，用事实在女儿面前做一个"好爸爸"。有时语言的解释是苍白无力的，必须用实际行动来证明。做给孩子看，带着孩子干，最为有效。于是，我和女儿在一起的时候，时时提醒自己，该说什么，不该说什么，该做什么，不该做什么，都在细节上要注意，从礼貌待人，不乱扔果皮纸屑，不浪费一粒粮食做起，给女儿树立一个榜样。在我潜移默化的影响下，如今我的女儿也变得越来越懂事了，对老师和长辈很尊重，对同学也很热情，路上每次都主动跟别人打招呼。特别值得一提的是，我平时喜欢看书和写作，读书和创作已成习惯。我常带女儿去新华书店或是去县图书馆看书，也常给女儿买书。女儿深受影响，从小特别喜欢读书，经常独自一人在新华书店安静地待上整整几个小时。女儿看书经常会看得入迷。有时周末，我催她睡觉，她甚至等我回屋了，还要偷偷爬起来看书。

做孩子的保姆

这一点，几乎每个家长天性就如此。但如何做好这个保姆，也不是那么简单。除了日常的吃喝拉撒穿，我们更应该做好一个"精神保姆"。孩子的心思没有我们想象得那么复杂，但也不是我们认为的那样简单。孩子有孩子的心情，有孩子的内心世界。喜怒哀乐，都是有其一定的原因的，作为家长，千万不能对孩子的情绪不闻不问。我起初对孩子的心情并不很关心，觉得小孩嘛，哭哭闹闹，嘻嘻笑笑，都无关紧要，只要吃好穿暖，就万事大吉。特别是如今只有一个小孩，生活条件都不会很差。事实上并非如此，如今的小孩心智成熟相对更早。拿我女儿来说，她在学校里的点点滴滴，很有可能就体现在情绪的变化上。和同学吵架了，受老师批评或是表扬了，当班干部了，被撤职了，考试成绩好或是坏，很多时候，一眼就能看出来。我发现这个问题后，开始关注孩子的情绪反应，并主动去过问、了解，让孩子觉得，父亲时时刻刻都在关心自己。了解情况之后，就事论事，积极帮女儿出谋划策，女儿做错的地方就正确引导，有困难了，就出点子、想主意，积极解决。这样一来，孩子心里的烦心事能及时化解，有利于帮助孩子保持一个阳光健康的生活状态。

得益于我的这种心理引导，我女儿自小是个乐天派，遇到挫折能够很快就化解内心的阴影，走出不愉快的心境。平时和人的接触中，也特别容易和别人混熟，能很快融入陌生的环境，每次到一个全新的地方，就能迅速融入新朋友的圈子，和别的小朋友玩得热火朝天。性格的这种发展趋势，对女儿以后的成长是非常有益的。

做孩子的对手

这个方面，可能是很多家长没有想到的。其实，人都是需要在一个竞争的环境下成长，有人称此为"逆境教育"。孩子也一样，没有竞争就没有进步。我这里所说的对手，不是那种针锋相对的对着干，而是在学习，或是积累生活经验方面和孩子一起竞赛。比如，我平时就经常和孩子一起玩"成语接龙"，在玩的时候，我甚至故意输给孩子，让她感受到良性竞争的快乐，积累知识于无形。争强好胜是人的天性，孩子也一样，在有对手的情况下，有时更能激发出孩子的潜能。在生活里的很多场合，我刻意和孩子玩竞赛游戏，包括吃饭、下棋、放风筝、看书、背成语等等。别小看了这种小竞赛，实则能培养孩子不怕对手、勇于竞争的心理状态。

当前的社会处处充满了竞争，以后孩子面对的生活更是如此，靠心理素质和实力说话，没有一种良好的、向上的、无惧无畏的精神，是难于立足的。我如今在孩子尚小、心理不成熟的时候，适时合理地和孩子做"对手"，是为了让孩子在今后的人生道路中，真正遇到强大的对手时，能够不胆怯，笑脸相迎横在路上的种种难题。很多人都说，我女儿很自信，老师也说她上课总是发言积极，几乎每次提问都举手。这种自信也体现在日常生活的其他方面，特别是在和别人的接触和交流中，源于这种自信和胆量，我女儿很多时候总能够表现得落落大方、惹人喜爱，也时常听到别人夸她聪明伶俐、能说会道。

亲爱的读者朋友，你看完上述文章后会有何种体会呢？如果你还是个学生，你认为文章中的父亲对你而言如何？如果你是一位父亲或者母亲，你是否认同文章中的四种角色定位？如果你是一名教育工作者，你从教育视角又是如何评论呢？

一句话：劝子千遍，不如养成一个好习惯。

6.教育家重视习惯教育

教育家陈鹤琴说过这样的话：习惯养得好，终身受其益；习惯养不好，终身受其累。何谓习惯？习惯是一种固定的思维方式和行为方式。也有人说，习惯是人们的同一行为经多次重复而在实践中逐渐成为习性的行为方式。我们认为，习惯就是一种惯性，就是一种能量的储蓄，只有养成了良好的习惯，才能发挥出巨大的潜能。

教育家叶圣陶认为教育的目的就是培养习惯。他说，在学校里受教育，目的在养成习惯，增强能力。离开了学校，仍然要从多方面受教育，并且要自我教育，其目的还是在养成习惯，增强能力。习惯越自然越好，能力越增强越好。陶行知认为，儿童期是人格和习惯形成的最佳时期。他在《创设乡村幼稚园宣言书》一文中说，六岁以前是人格陶冶最重要的时期。这个时期培养得好，以后只要顺其自然，自然成为社会优良的分子；倘使培养得不好，那么，习惯成了不易改，倾向定了不易移，态度决了不易变。

什么是"习惯成自然"呢？叶圣陶是这样解释的：成自然就是不必

故意费什么心，仿佛本来就是那样的意思。他举例说：走路和说话是我们最需要的两种基本能力。这两种能力的形成是因为我们从小就习惯了，"成自然"了；无论哪一种能力，要达到习惯成自然的地步，才算我们有了那种能力。如果不达到习惯成自然的程度，只是勉勉强强地做一做，就说明我们还不具有那种能力。通常说某人能力不强，就是说某人没有养成多少习惯的意思。比如说张三记忆力不强，就是张三没有把看见的、听见的一些事物好好记住的习惯；说李四表达能力不好，就是说李四没有把自己的思想和感情说出来的习惯。因此，习惯养成得越多，那个人的能力就越强。做人做事，需要种种能力，所以最要紧的是养成种种的习惯。

7.数学家论习惯教育

目前，也有学者认为良好学习习惯形成的过程，是严格训练、反复强化的结果。现代控制论创始人、美国数学家维纳，在回忆父亲对他早期学习习惯的严格训练时说："代数对我来说没有什么困难，可父亲的教学方法，使我精神不得安宁，每个错误都必须纠正。他对我无意中犯的错误，第一次是警告，是一声尖锐而响亮的'什么'，如果我不马上纠正，他会严厉地训斥我一顿，令我'再做一遍'。我曾遇到不止一个能干的人，可是他们到后来一事无成。因为这些人学习松懈，得不到严格纪律的约束。我从父亲那里得到的正是这种严厉的纪律训练。"父亲严格地训练，终于使维纳养成了良好的学习习惯，以后成为誉满全球的科学巨人。

8.习惯养成的关键期与改造习惯的时期

研究发现，孩子习惯的养成有一个关键期的问题。幼儿园和小学是培养生活习惯与学习习惯的关键期，而到了中学，就是改造习惯的时期了。在儿童时期养成的良好习惯，孩子可以受益终身；在儿童时期养成了坏习惯，就有可能终身受到伤害。因此，在养成习惯的过程中，一定要注意利用儿童的关键期。如果错过关键期，对习惯的改造将要比塑造艰难得多。抓住关键期进行习惯的培养，可以取得很好的效果。例如，孩子第一次骂人的时候，他或她并不是道德驱使，而是觉得好玩。这时候，孩子会观察父母或其他成人对自己行为的反应。如果成人的态度是冷淡的、严肃的，孩子就会明白："大人不喜欢我的这种行为。"由此，他或她会减少这种行为。如果这时有成人对孩子的行为表现出赞扬、夸奖或者高兴地笑等反应，孩子就会觉得自己的行为是受到成人喜欢的，由此，他或她会增加这种行为出现的频率，从而养成不良的习惯。因此，父母一定要注意抓住教育的关键期来教育孩子。

9. 两种坏习惯

对于父母来说，要注意培养孩子的良好习惯，更要注意不要让孩子养成不良的习惯。因为坏习惯一旦养成，就具有自然的驱动力和心理惯性，有时候就算没有外部条件，习惯行为也同样可以做出。许多孩子有时候知道自己有不良的习惯，但是往往控制不住自己而重复不良的习惯。这时候，父母要帮助孩子抑制和纠正坏习惯。

那么，什么是坏习惯呢？叶圣陶认为，习惯不嫌其多，但有两种习惯养成不得，除此之外，其他的习惯多多益善。这两种习惯就是：不养成什么习惯的习惯和妨害他人的习惯。

什么是"不养成什么习惯的习惯"呢？叶圣陶用日常生活中的某些习惯的养成来说明"不养成什么习惯的习惯"的害处。他说："坐要端正，站要挺直，每天要洗脸漱口，每事要有头有尾，这些都是一个人的起码习惯。有了这些习惯，身体和精神就能保持起码的健康，但这些习惯不是短时间内就形成的，要逐渐养成。在没有养成的时候，多少需要一些强制功夫，自己得随时警觉，直到'习惯成自然'，就成为终身受用的习惯。可是如果起先没有强制与警觉，今天东、明天西，今儿这样，明儿又那样，就可能什么习惯也养不成。久而久之，这就成为一种习惯，牢牢地在身上生了根。这就是不养成什么习惯的习惯，最要不得。"这种习惯与其他种种习惯冲突，一旦养成，其他种种习惯就很少有养成的希望了。

什么是"妨害他人的习惯"呢？叶圣陶举例说："走进一间屋子，'砰'的一声把门推开；喉间一口痰上来了，'噗'的一声吐在地上；这些好像是无关紧要的事，但这既影响他人学习和工作，又可能传播病菌，一旦习以为常，就成为一种妨害他人的习惯。"

10. 改正坏习惯

研究发现，养成一个习惯需要21天。也就是说，教育孩子养成一种好习惯至少要21天的时间。但是，如果孩子已经养成一种坏习惯，要纠正孩子的这种坏习惯，需要花费的时间比21天要多。这就要求，父母在纠正孩子坏习惯的过程中要有毅力。

事实上，在纠正孩子坏习惯时，父母应该直接提出坏习惯的不良影响，并以此触动孩子的心灵，这样纠正起来相对容易得多。

在《钢铁是怎样炼成的》一书中有这样的一个情节：

有一次，保尔参加青年团员们的争论：人能不能克服已养成的习惯，如吸烟？保尔说："人应该支配习惯，而不是习惯支配人。"当时有位青年嘲笑说："保尔就会说漂亮话……问他自己抽不抽烟？抽的。他知不知道吸烟没有好处？知道的。可是戒掉呢——又戒不掉。"保尔听后，马上将口中正抽着的烟卷拿下来揉碎，说："从今天以后，我绝不再抽烟。"从此，保尔戒掉了几乎是从儿童时代就养成的抽烟习惯。

坏习惯难以改掉的一个重要原因，是决心不大、毅力不强。富兰克林说，习惯就利用轻忽，嗜好有时比理由还强硬。对于抽烟这个坏习惯，不少烟民都想改，但为什么有的改掉了，有的改不掉？关键是不仅要认识到坏习惯的危害，还要痛下决心去改。这样，诸如吸烟、酗酒、随地吐痰等不好的习惯，都是可以改掉的。

11. 养成好习惯

教育学家威廉·坎宁安说过这样一个寓言：

一个人正在沙漠里散步，突然，一个声音对他说："捡一些鹅卵石放在你的口袋里吧，明天你会又高兴又后悔的。"这个人弯腰捡了一把鹅卵石放进口袋。第二天，当他将手伸进口袋时，他惊奇地发现口袋里放的不是鹅卵石，而是绿宝石和红宝石。他感到非常高兴，不一会儿，他又感到非常后悔。他高兴的是自己拿了一些鹅卵石，后悔的是，自己没有多拿一些。

教育也是这个道理。家长今天怎样教育孩子，明天孩子就会成为怎样的人。习惯就像是那些鹅卵石一样，你现在多培养孩子一些好习惯，今后孩子就会得到绿宝石和红宝石。那时，作为家长的你，会和寓言里的这个人一样，又是高兴，又是后悔。高兴的是，你的孩子拥有一些良好的习惯，后悔的是，你其实还可以培养孩子更多的好习惯。所以，为什么不从今天开始为孩子多捡一些鹅卵石呢？明天，这些鹅卵石将变成孩子一生的财富，让他幸福一生。

二、习惯教育的警句

习惯教育是一切教育的核心，一切教育实际上都是为了使受教育者养成习惯——有益于人心、人生、人世、人类社会健康向上的习惯。

将"习惯"二字输入"百度"的搜索栏中，我们可以检索到很多名人关于"习惯"的名言警句。从这些名言警句中，我们可以窥视丰富的习惯教育思想。

1.国内关于习惯教育的警句

教育是什么，往单方面说，只须一句话，就是要养成良好的习惯。（叶圣陶）

人的全面成长过程中，良好行为习惯的养成必须渗透到各种教育之中去，否则就不可能很好地完成教孩子怎样做人的任务，所以，养成教育应当是每一位教师、每一位家长都应掌握的教育艺术。（徐惟诚）

养成教育是基础教育的重要环节，是改进德育的重要方面。（陶西平）

习惯是人生之基，而基础水平决定人的发展水平。大量事实证明，习惯决定一个人的成败，也可以导致事业的成败，最根本的教育就是养成教育。（孙云晓）

养成教育是管一辈子的教育，是教给少年儿童终身受益的东西，它与素质教育紧密相关。（关鸿羽）

加强未成年人思想道德建设必须求真务实，青少年时期是

长身体、长知识的重要时期，是对他们进行道德情操、心理品质和行为习惯养成教育的最佳时期。（陆士桢）

智育是良好的思维习惯，德育是细小的行为习惯，素质教育更加体现在人的细小的行为上。（程鸿勋）

父母的行为习惯就是孩子学习的一本教材。（张梅玲）

培养习惯有利于"知行合一"的实现。这主要体现在两个方面：第一，养成习惯才能把认知转化实际行动，成为真正的品质；第二，习惯培养的过程，在一定意义上既是道德实践的过程，也是道德再认知的过程。（徐岫茹）

正如大教育家所说，智育不好是次品，身体不好是废品，德育不好是危险品。而德育必须从小培养，其中最关键的就是培养习惯，无论是道德习惯还是学习习惯。（孙蒲远）

从正确的认识到正确的行为之间，有一座桥梁，这座桥梁叫"习惯"，教育的本质就是架一座质量堪称优良的桥梁。（林格）

2.国外关于习惯教育的警句

播下一个行为，就会收获一个习惯；播下一个习惯，就会收获一种性格；播下一种性格，就会收获一种命运。（希尔）

大事使我们惊讶，小事使我们沮丧，久而久之，我们对这二者都会习以为常。（西塞罗）

儿童不是用规则教育就可以教育好的，规则总是被他们忘掉。你觉得他们有什么必须做的事，你便应该利用一切时机，给他们一种不可缺少的练习，使它们在他们身上固定起来。这就使他们养成一种习惯，这种习惯一旦养成以后，便不用借助记忆，很容易地、很自然地发生作用了。（洛克）

任何事物都不及习惯那么神通广大。(奥维德)

是否真有幸福并非取决于天性,而是取决于人的习惯。(爱比克泰德)

习惯比天性更顽固。(昆图斯)

习惯就是习惯,谁也不能将其扔出窗外,只能一步步地引下楼。(马克·吐温)

习惯能造就第二天性。(普劳图斯)

习惯是行为的女儿,不过女儿反过来养育母亲,并按母亲的模样生下自己的女儿,不过更漂亮,更幸运了。(杰·泰勒)

有什么样的思想,就有什么样的行为;有什么样的行为,就有什么样的习惯;有什么样的习惯,就有什么样的性格;有什么样的性格,就有什么样的命运。(查·艾霍尔)

总以某种固定方式行事,人便能养成习惯;习惯实际上已成为天性的一部分(亚里士多德)

第五章　习惯教育的理论与建议

教育理念是教育主体对教育及其现象进行思维的概念或观念的形成物，是理性认识的成果。教育理念包含了教育主体关于"教育应然"的价值取向或倾向，属于"好教育"的观念。教育理念不是教育现实，但源于对教育现实的思考，是教育主体对教育现实的自觉反映。

本部分归纳整理习惯教育的相关理论，并且提出一些切实可行的建议。

一、习惯教育的理论

习惯教育古已有之，近代得益于国外心理学的研究成果而蓬勃发展，国内当代关于习惯教育的理论已经极其丰富。

1.国内关于习惯教育的重要理论

在人类文明史上，自古以来就有"习惯养成"的教育主张。20世纪，教育家叶圣陶在其一生教育改革探索中，把这一主张创造性地转化并发展成了比较完整、系统，具有中国特色，富有科学内涵的"养成良好习惯"现代教育思想。这一教育思想堪称是一种"中国教育学"的理论和话语，为我国素质教育发展和国民素质提高提供了宝贵借鉴。

谈及习惯教育，就不能不说下教育专家关鸿羽老师。其主要的教育观点有：教育就是培养习惯；习惯是养成教育的结果；养成良好的习惯是行为的最高层次。笔者就其观点进行了梳理，供读者朋友研读。

当前，一些独生子女存在着"九小"问题，即"小霸王""小懒虫""小馋猫""小犟牛""小依赖""小散漫""小野蛮""小磨蹭""小马虎"。解决这些问题最重要的就是加强"养成教育"。

养成教育有利于孩子成才、成人；养成教育有利于家庭和睦幸福；养成教育有利于社会的进步。养成教育可以使孩子修养更高，行为更规范，成为一个有教养的文明人，它为孩子成才奠定了良好的基础。过去我们的教育说得多，做得少，忽视了行为习惯的培养。可以说，在相当程度上我们只进行了认知教育，其弊病就是知行脱节，光说不练的教育不是真正的教育，起码不是完善的教育。

"养成"就是通过培养而使之形成或成长。"养成教育"就是培养学生良好习惯的教育。它往往从行为训练入手，综合多种教育方法，全面提高学生的"知、情、意、行"，最终形成良好的习惯。养成教育既包括正确行为的指导又包括良好习惯的训练，既包括动作习惯培养又包括语言习惯、思维习惯等的培养。

孩子的行为有四个层次。

第一个层次即最低层次，是被动性行为。

它需要靠外部的强制力量。这是因为此时孩子的道德认识还不充分，道德情感还不稳固，还没有形成道德意志。例如，老师在场就守纪律，老师不在场就不守纪律。

第二个层次是自发性行为。

学生通过接受教育，对习惯培养的重要性有了基本的认识，并能自发地根据情境要求去做，但由于其自控能力差，兴趣、情绪变化大，因此行为具有随意性和情境性，行为习惯常常顾此失彼，不能完全到位，反复性大，往往是不稳定的。这时学生需要自己的意志努力，还需要家长和老师从外部给予一定的提醒和督促。

第三个层次是自觉性行为。

它需要一定的意志努力，靠内部的自我监督。这是因为学生已有一定的道德认识，并有一定的道德意志，能够自我要求、自我监督，不需要外部监督，但尚需自己的意志努力。例如，老师不在时也能守纪律，但还需要自己控制自己、提醒自己。

知道上课时随便说话、玩东西是不对的，但有时需要经过自己的思想斗争。看到别人在课堂上说话，也想说，可又一想，好学生应该自觉守纪律，虽然老师不在，也要严格要求自己，于是控制了自己的行动。这种行为虽然属自觉行为，但还不是自动行为。

第四个层次即最高层次，是自动行为。

它既不需要外部监督，也不需要自己的意志努力。这时学生遵守纪律已不是被迫的，既不是迫于教师的监督，又不是靠自己的思想斗争或意志努力，而是自然的、自动的行动，这就是习惯。

在一定意义上说，没有训练就没有习惯。教师对学生进行行为习惯的训练时要做到十个结合：

第一，激发兴趣与严格训练相结合；

第二，明确要求与具体指导相结合；

第三，检查评比与自我评价相结合；

第四，纪律制约与自我要求相结合；

第五，反复强化与积极疏导相结合；

第六，严格要求与循序渐进相结合；

第七，实践锻炼与强化体验相结合；

第八，意志努力与切断联系相结合；

第九，自我控制与履行协议相结合；

第十，平时表扬与积分奖励相结合。

人的习惯很多是模仿来的，尤其是坏习惯。没有一个家长教孩子说："你说话必须带口头语，说两句带一个脏话，再说两句再带一个脏话。"但是，生眼人一看，这个孩子跟他爸爸一样，连口头语都一样。怎么来的，模仿来的。教师的品格对学生构成一种巨大的教育力量。这力量绝非教科书、格言和道德说教所能代替的，它不是贴在墙上的豪言壮语，也不是写在纸上的名言警句，更不是挂在嘴上的信条，而是教师用生命对孩子的教育。它体现在教师的品格之中，由教师的一言一行、一举一动、一点一滴注入学生的心灵。因此教师必须随时随地加强自己的修养，以身立教。

通过关老师的论述，我们不难看出养成教育对于学生发展极其重要。关老师的习惯教育理念值得我们深入研究与思考，其所提出的习惯养成策略非常具有操作性和实践性。

中国青少年研究中心副主任孙云晓认为，培养好习惯用加法，克服坏习惯用减法。例如，在培养孩子的读书习惯时，可结合孩子兴趣特点先选择故事书，由浅入深，由短到长。不在一朝一夕，贵在长久坚持。一位细心的妈妈观察写作业的儿子，一会喝水，一会撒尿，不到一小时出来四五次。这位妈妈看在眼里却没有急于求成，而是在第二天孩子写作业前给孩子提了个建议：坐下前把该办的事办好，我看你写作业时出来三次完全可以。孩子在妈妈的鼓励下果真少出去一次；过几天妈妈又提议再减少一次，孩子又轻松做到了。家长的要求依次递减，直到孩子可以集中精力把作业写完，既帮孩子克服了不良习惯，更重要的是保护了孩子的自信心。

笔者总结多家观点，认为学生良好习惯形成，需要学校、家庭、社会多方合力，具体体现于以下8个方面的教育：

第一，感恩教育。

感恩是一种生活态度，是一种美德。感恩应该是社会上每个人都应该有的基本道德准则，是做人的起码修养，也是人之常情。社会上一些腐朽落后的思潮和不良信息的传播，正逐步腐蚀着人们的心灵，一味地索取而不知回报使得一些年轻人变得自私冷漠，道德水准滑坡。对广大学生来说，感恩意识绝不是简单回报父母的养育之恩，它更是一种责任意识、自立意识、自尊意识和健全人格的体现。感谢父母，他们给予你生命，抚养你成人；感谢老师，他们教给你知识，引领你做大写的人；感谢朋友，他们让你感受到世界的温暖；感谢对手，他们令你不断进取、努力；感谢太阳，它让你获得温暖；感谢江河，它让你拥有清水；感谢大地，它让你有生存空间。感恩，是一种心态、一种品质、一种艺术、一种习惯。感恩是礼貌。有人帮助了我们，我们说声"谢谢"，可能会给对方心里带来一股暖流。有人为我们付出了许多，我们感谢他（她），他（她）可能会更加帮我们。怀着感恩的心，是有礼貌，是知恩图报。所以，感恩，是一种有礼貌的品质。

感恩是画笔。学会感恩，生活将变得无比精彩。感恩描绘着生活，将生活中大块的写意，挥洒得酣畅淋漓；将生活中清淡的山水，点缀得清秀飘逸；将生活中细致的工笔，描绘得细腻精美。所以，感恩，是一种多样的艺术。

第二，环境教育。

对于学生的习惯教育，可以通过教室、校园、家庭三个不同环境的氛围营造，正向地潜移默化地影响学生，让学生形成正条件反射。以小学生为例，在教室氛围上，可以通过《小学生行为规范》上墙的做法，定期定主题刊出黑板报，让学生接受教育。同时，统筹安排，每半月抓一项习惯养成教育，建立班级督查考评制度，努力提高良好习惯的养成率。在校园氛围上，可以通过宣传橱窗展出文明礼貌、劳动教育、卫生习惯等行为规范图片及"文明之星""进步之星"的活动照片等。同时，利用学校广播站，每周1—2次，及时报道校园内外学生习惯的表现情况。在家庭教育氛围上，家长对学生在家庭、社会上的表现作全面的跟踪，通过"家校微信群"传达给学校，学校对于学生表现及时予以评价，促进学生向先进看齐、向优秀学习。

第三，激励教育。

"不以规矩，不能成方圆。"一个孩子良好行为习惯的养成，仅靠个人的自律难以奏效，仅靠老师的说教亦收效甚微。那么，怎样才能更好地促进队员养成良好的习惯呢？激励对学生习惯养成作用巨大。激励的关键是以何种形式评价。新颖的、长期的激励，能让学生产生更大的动力，对自我教育能力的提高大有益处。

如"我是光荣护旗手"的评比，在几百名同学面前介绍自己的成绩，并在庄严的升旗仪式中担任护旗手，这样的一幕，是何等让人动容?! 那将会使学生终生难忘。

又如周、月、学期习惯示范生，是在每天自我评价、同学评价、家长评价的基础上产生的，张贴在教室前的荣誉台和学校荣誉墙上，供同学、家长参观学习，这种荣誉感和自豪感是无法形容的，会让学生的自我教育动力空前强大，自我教育能力随之快速提高。

再如每学年一次的"好习惯家庭"评选，则是以孩子为主的家庭成员共同参赛项目，在众多家长面前，以图片、故事、小品、作文等形式展示自己家庭的形象，这又是何等自豪，其社会教育作用又会是何等的强大！

第四，榜样教育。

榜样教育历来被当作有效教育手段而广泛应用。典范能强烈地铭刻在人们心里。青少年偶像崇拜现象是青少年群体中客观存在的一类独特文化景观。人的行为可以通过观察学习过程获得。但是获得什么样的行为以及行为的表现如何，则有赖于榜样的作用。榜样是否具有魅力、榜样行为的复杂程度、榜样行为的结果、榜样与观察者的人际关系都将影响观察者的行为表现。

值得注意的是，榜样教育内容选择要契合小学生成长需求，根据其年龄特点选择他们感兴趣且通俗易懂的内容；要创新榜样教育呈现形式，引发其兴趣；重视家庭与学校的协同作用，加强多方合作。

第五，游戏教育。

玩是孩子的天性，在游戏中孩子自由地探索和发现解决问题，比不做游戏解决问题得到的效果更好。将社会生活道理放在游戏中，让孩子在游戏中不知不觉地受到熏陶与感染，潜移默化地养成良好的规则意识与行为习惯，就是效果好。心理学研究表明，游戏能够促进孩子认知能力、社会能力、情感能力、实践能力、创新能力等多方面的发展。在游戏中孩子最快乐，在游戏中孩子容易感知和接受生活中的各种现象，因此游戏也是习惯教育的重要途径。

例如，在游戏中培养遵守规则的行为习惯，在游戏中培养团队合作的行为习惯，在游戏中培养勇于创新的行为习惯，在游戏中培养独立自主的行为习惯，等等。

第六，家校教育。

家庭教育的目标是保证孩子能身心健康地发展，有良好的心理和行为习惯适应学校教育，并为学校教育打下基础。然而在当代，尤其是在某些特定的环境中，有的家庭教育正在缺失，一些家长"隐身"了，导致孩子在学校教育中不能适应。父母是孩子的第一任老师。孩子早期性格的培养与个性的形成与父母关系密切，部分父母只懂得养，不懂得育，导致孩子在上学时跟不上学校教育。"三岁看大，七岁看老"，不是没有一点道理的。在一定意义上讲，孩子良好的生活习惯的养成，不在学龄后，而在学龄前；不是在学校，而是在家庭。因此，家庭教育在孩子生活习惯的培养上起了重要作用。家校联合，才能发挥教育的最大育人优势，才能促进学生健康成长。

第七，实践教育。

"行是知之始，知是行之成。""教学做合一。"学习要与实践相结合。实践教育，又称实践锻炼教育，指教育者有目的、有计划地组织引导受教育者参加各种形式的社会实践活动，调动和利用各种社会力量，在实践中训练、培养受教育者的优良品德和行为习惯的方法之总称。实践和认识之间的辩证关系，即实践决定认识，实践是认识的来源和基础，实践是认识发展的动力，实践是认识的最终目的，实践是检验认识正确与否的唯一标准。开展实践教育，首先是开展校园中的实践，其次是校外社会实践。

第八，个性教育。

个性教育就是有目的地培养人的良好个性素质的教育。它是一种教育思想，也是一种教育活动。个体身上多多少少呈现多种类型的智能，每种智能的发展程度不同，导致了不同个体在学习兴趣和问题思考上呈现差异。我们过去一直实行划一性的教育，致使一些学生丧失了他们应有的活力和探索精神，不能满足社会发展对人才的需求。可以说，个性教育是在不断探索、建设和发展中的新的教育思想。

个性教育的基础理念就是尊重人和人的个性，挖掘人的个性潜能和优势，使个体的最强点和闪光点得到充分发挥，促进人的美好个性素质全面协调发展。因此，个性教育就是塑造学生美好的个性和修正学生不良的发展活动过程。

2.国外关于习惯教育的重要理论

剖析习惯，必须从源头说起，也就是心理学。与习惯相关的心理学，主要有行为主义心理学与人格心理学两种。其中，行为主义心理学又分为传统（经典）行为主义心理学和社会认知（学习）理论。

传统行为主义心理学以"刺激—反应"为理论基础，主要的核心内容是"条件反射""学习律""操作性条件"等。

巴甫洛夫通过在狗身上的一系列实验研究提出了无条件反应的概念。

其所创建的经典条件反射法则认为，给予刺激的顺序是至关重要的，只有在中性刺激早于无条件反射的时候，它才会成为条件反射，才能够激发反射；与无条件反应对无条件刺激不一样，条件刺激与反射之间的联系不是永恒的。巴甫洛夫认为所有学习得来的行为，不管是在学校里面还是外面获得的，"只不过是一长串的条件反射"。

桑代克认为学习的实质在于形成刺激—反应联结，基于此他提出了学习遵循的三条重要原则：第一条，称为准备律，指学习者在学习开始时的预备定势。学习者有准备而又给以活动就能感到满意，有准备而无活动就感到烦恼，无准备而强制活动也感到烦恼。第二条，叫练习律，指学会了的反应重复进行将增加刺激—反应之间的联结。也就是说，刺激—反应联结受到的练习和使用越多，就会变得越来越强，反之，就变得越来越弱。第三条，称为效果律，指一个动作跟随着情境中一个满意的变化，在类似的情境中，这个动作重复的可能性将增加，但是，如果跟随的是一个不满意的变化，这个行为重复的可能性将减少。

约翰·华生认为，无论是动物还是人，其行为都可分为先天的和后天习得的两种，有机体进入动物系列层次越高，就越来越多地依靠习得的行为。在华生看来，环境的变化导致人类习惯的形成，习惯的形成使人具有了适应环境的各种能力，一旦环境发生变化，人就可以根据需要，通过习得的习惯系统作出相应的行为反应。因此，人类三大习惯系统的发展使人具有与一般动物不同的适应环境的各种能力。

斯金纳的"操作性条件反射学说"是对巴甫洛夫"经典条件形成"和桑代克"工具型条件形成"的重要发展。斯金纳认为，动物无论因为什么样的目的而进行的任何随机活动，都可以被看作是以某种方式对环境的"操作"，或者是一个"操作动作"。基于这个原理，斯金纳确信人们所做的任何事情和我们本身都是由奖励和惩罚的历史决定的。斯金纳的"操作性条件形成"在现在的教育教学中也得到了广泛运用。例如，利用奖励或惩罚等手段，来强化儿童的某些行为或消除某些行为，以塑造好的行为，矫治不良行为。

社会认知理论或称为社会学习理论，是对传统行为主义心理学的改造和发展。该理论对某种情境下人类行为的习得有着独特的看法。

罗特的社会学习理论认为多数的学习都发生在社会情境之中，而我们的多数动机都与他人有关。每种潜在行为与一种后果相关，该后果有着一种与之相联系的价值，是一种强化。行为的后果即强化物，有着或大或小的价值和或高或低的概率（预期）。一种行为的可能性便是与之相连的强化事件的价值以及强化事件发生概率的函数。这便是众所周知的行为的预期—价值模型。罗特还认为个体所特有的心理情境是决定行为最重要的因素。

班杜拉的社会学习理论的基本观点是：儿童通过观察他们生活中重要人物的行为而学得社会行为，这些观察以心理表象或其他符号表征的形式储存在大脑中，来帮助他们模仿行为；个体、环境和行为是相互影响、彼此联系的，这三个方面影响力的大小取决于当时的环境和行为的性质；观察者比较容易观察那些与他们自身相似的或者被认为是优秀的、对他们有威信的榜样，这个理论强调的是观察他人行为对个体行为习得是非常重要的，即儿童通常是通过观察别人的行为来学习并获得某些行为。

米谢尔认为，人们在某种情境下的行为反应受到五个方面因素的影响。第一，人们的个人构念和编码策略，即人们解释和加工与自己、他人以及世界事件的有关信息的方式。第二，人们的主观价值、偏爱和目标。人们具有对终点或目标的心理表征能力以及据此作出有目的的、目标导向行为的能力。第三，个体有着对行为的可能后果的预期。第四，人们的认知和行为能力。人们拥有的信息各不相同，他们利用信息的方式和具体的行为技巧也不同。第五，每个人的自我调节系统，即个体形成和执行长期计划的能力，确定标准并维护标准的能力。

特质心理学是当代人格心理学中的重要流派。

奥尔波特把特质视为人格的基本结构元素，他认为一个特质就是以某种特别方式作出的一种反应倾向，特质与人的行为习惯有密切联系，在人格构成中，特质比行为习惯更接近核心的部分。

卡特尔认为人格的基本单元是特质，人格的元素是那些通常共同变化（一起增加和减少）的特质或行为，换言之，特质是指彼此相关的一些行为。卡特尔提出了16个人格因素：乐群性、聪慧性、情绪稳定性、恃强性、兴奋性、有恒性、敢为性、敏感性、怀疑性、幻想性、世故性、忧虑性、激进性、独立性、自律性、紧张性，并就此编制了人格测试问卷。卡特尔发现人格大约三分之二是由环境决定的，三分之一是由遗传决定的；随着个体年龄的增大，特质有相当大的稳定性；人格有动态的、变化的一面，又有稳定的一面。

艾森克与卡特尔一样，用因素分析来确定人格的基本维度。他把特质看成是有共同趋向的习惯性反应。但他认为，人格类型代表的是一个有高低两极的纬度，人们可能会处于两极之间的某个位置上。他强调了人格的三个基本纬度：内倾—外倾、神经质、精神质。他把人格分成四种水平：具体反应水平、习惯反应水平、特质水平、类型水平。

领会上述国外学者对于涉及习惯的心理学理论，有利于我们更好地剖析习惯教育。

二、习惯教育的建议

面对中小学的学生，如何落实习惯教育？笔者根据自己的观察思考，从具体案例中提炼出8个方法。

1.巧用语言

课堂教学语言是教师在课堂上传授知识的一种途径，是组织课堂教学的必要手段，而且是完成教学任务所使用的主要工具。它是语言在课堂教学领域中的具体运用，它在培养学生交际能力方面起着至关重要的作用。课堂教学语言是教师的专业素养、教学质量的一种体现。课堂教学艺术首先是教学语言艺术。教学语言艺术就是教师在教学过程中遵循教学规律和审美性原则，正确处理教学中的各种关系，把所教的知识和信息正确有效地传递给学生的语言技能活动。课堂教学过程中的教师语言包括言语语言和行为语言两种。作为一线教师要善于挖掘自身在语言上的优势，从而高效提高教学的有效性。

通过语言交流，教师不但可以帮助学生获得知识，而且能够发现学生心理是否健康。通过巧妙运用语言，与学生和谐相处，彼此信任，给学生营造一个和谐的学习氛围，教师可以帮助学生纠正坏习惯，培育、发展、强化好习惯。

那天阳光明媚，是刚开学的第三天，我班来了一个白白净净，却明显胆怯的小男孩。我拉着这个我早有耳闻的小新生，站在班级的最前面，大声地对全班同学说："这是咱班新转来的学生，让我们以热烈的掌声欢迎他的到来！"班级立刻响起来了雷鸣般的掌声。面对全班同学的热情和友善，这个小男孩却自始至终没将头抬起过一秒，只是一味地低头用手指绕着自己的衣角。我用鼓励的语气对他说："孩子，你叫什么？对大家做个自我介绍吧！"接下来的是可怕的沉默。

他分明是把我们当作了空气。好吧，我自己来圆场。我看看手中的入学通知书，姓名栏里写着：张吉祥（化名），就对全班同学说："他叫张吉祥，今天一定是因为刚加入咱班这个热情的集体，兴奋得不知如何表达了。让我们多给他一些时间，让我们大家来慢慢熟悉。老师希望大家都能向他伸出友谊之手！"

就这样，他成为我们班的一分子。可令我出乎意料的是，在接下来的一个多星期里，这个张吉祥居然没有和我、没有和全班的任何一位同学说过一句话。无论我问什么、怎么开导、怎么启发，他的反应只有两个字：沉默。更让我抓狂的是，他居然一个字都不写……

我通过学校要来他家长的电话，这才知道他父母常年在外打工，孩子一直是家里老人带，最近他的父母发现孩子越来越孤僻了，这才决定回家继续做点小买卖，把孩子接到自己身边并转学到我们学校。家长明确表示自己没时间、没文化，管不了孩子。孩子就交给学校、交给老师了，该打打，该骂骂，没说！

放下电话，我有些心塞。张吉祥真是个可怜的孩子。家长不管，我管！谁让他有缘成为我的学生呢！但我深知，打骂绝对是一条不归路，唯有和谐——和谐的师生关系，和谐的课堂氛围，才能让他喜欢上我，喜欢上学习。有什么办法？慢慢感化！

又是一个明丽的清晨，开学已有些时日了。那天，我来得很早，值日生都还没到，我一个人在本班室外承包区打扫卫生。正巧，张吉祥背着书包经过我身边。我灵光一闪，温柔地说："过来，孩子！咱班值日生还没到，你帮老师，咱们一起打扫，好吗？"他在迟疑，我静静地等待他的回应。终于，他虽还是一言未发，但却慢慢蹲下身去，帮我把地上的垃圾一一捡起，再放进我手中的垃圾袋。我心中一喜。我们就这样默默地行动，不一会儿，承包区就一尘不染了。我拍拍他的肩膀，真诚地说："太棒了，今天多亏你的帮忙，老师才可以这么快就将承包区打扫干净了。去吧，回到班上吧！老师谢谢你！"他却伸手拿走我手中的垃圾袋，低头向垃圾站走去。我先是一愣，半晌才明白：他这是要帮我倒垃圾呀！我大声地说："张吉祥，你真是一个好孩子！"看着他的背影，我笑了……

那天课堂上，我当着全班同学的面，表扬了张吉祥的行为，并号召全体同学向他学习。班里又一次为他响起了热烈的掌声。当时，他的头埋得更深了。可那一堂课中，他破天荒地拿起笔写字了。这字一写不要紧，我又发现了他一个大大的闪光点：字写得干净工整，尽管字写得超慢。我把他的作业在全班展示，将他的优点放大："看，我们班的张吉祥，我们可不要小瞧他！他不仅乐于助人、热爱劳动、关心班集体，还写得一手好字……"在我的几番夸奖下，同学们开始愿意走近他，主动和他交朋友。下课时，偶尔也能看见他和其他同学在一起时露出充满阳光的笑容。

那天放学，他最后一个离开教室，离开之前，我听到他小声说了一句："老师，再见！"说完，头也没抬就走了。我赶紧大声回："明天见，张吉祥！"从那以后，尽管他的话依然很少，可只要是我安排的事，他都会尽量去做。但他在学习上落下的真是太多了，我能看得出他有时力不从心，真是赶不上其他同学的脚步。在一次我给他补课时，我鼓励他说："孩子，你很聪明，老师相信你，只要你肯努力，你一定会慢慢赶上来的。落下的课程，老师慢慢帮你补。"他点了点头。我们相视一笑，继续愉快地学习。

转眼一年多过去了，他的成绩已从一位数上升为七八十分，完全融入我们这个集体，在班里有了自己的朋友。只有我们知道，我们付出了怎样的努力，这对于我们来说太不容易了。但当我看到孩子的点滴进步，我的心里是满足的，是欣喜的。

2.适度约束

教师可以利用制度激励和约束孩子们的行为举止，久而久之就形成了一种好习惯。例如，教师可以利用每周的班会时间开展学生自评、组间互评制度：每周由班主任带领，利用周五的班会时间，引导学生自己对照"学习习惯和行为习惯评价表"检查自己本周各方面的表现情况，写出自己的进步点和需改进点及本周改进措施。小组评价内容、标准及实施办法由各班根据自己的情况制定。奖惩办法可与学生作业挂钩，各小组一对一监督，这样学生的积极性更高，不良习惯很快就改正了。

送走毕业班，接了一年级，经历了六年耕耘收获的磨砺，见识了几多学生的千差万别，按理说对新工作应付自如了。窃喜以为从此可以谈笑间孕育桃李，云淡风轻中教书育人，但是着手不到一周，班级的混乱无章和孩子们的嘲笑状况迅速把我从云端拉到地上，甚至还踏上了一脚！让我再次确信了一句话：教育充满了挑战！

有一次在课堂上，我看见胆小如鼠的杜佳琪很难得地高高举起了小手，我立刻请她回答，当时她可能有些紧张，回答时结结巴巴，结果班上大多数同学当场笑出声来，并且交头接耳地议论，讽刺杜佳琪是个小结巴，有几个小淘气模仿杜佳琪发言时的样子……好不，这是课堂呢？还是菜市场？我还没来得及做出反应，只看见杜佳琪满脸通红，迅速坐下，把头深深埋在同学们的视线里，一声不吭！一般情况，老师可能先来个狮子吼而镇住全场，然后施展说服教育。我决定换一种方式：我搂住杜佳琪，捧起她的脸，拉住她的双手，当着全班同学的面告诉她，老师遇到类似的情况是会和她一样不高兴，很生气，很不好意思，对她刚才的心情我表示理解。听到我这样说，杜佳琪泪汪汪的眼睛里突然闪现出光芒，期待着我接下来的举动。我迎着她可爱的眼神，表扬佳琪举手发言、热爱学习、十分勇敢，老师喜欢这样的好孩子，决定奖励她一朵小红花。全班同学立刻鸦雀无声，都把羡慕渴求的目光投给杜佳琪。我趁热打铁地说，同学们你们想要小红花吗？小精灵们异口同声地说："想！""那么你们就应该学会尊重，学会聆听，学会看到他人的优点，你们能吗？"同学们不假思索地说："能！""那我们为杜佳琪的勇敢举手发言鼓掌吧！"掌声像动听的音符，浸润着每个同学的心灵。我看到了佳琪自信，也看到了同学们的转变，我希望全班同学每个人都能得到小红花！

为了加强纪律，我改批评为鼓励和表扬，并拿出了杀手锏：小红花。做好一件事。就得到一个小红花，贴到墙上自己"小花园"里；做错了，就拿掉一朵。主题就是：比比谁的花园花儿多。这个小红花可不简单，它代表的是荣誉。自从开展"比比谁的花儿多"的活动，同学们都变得非常可爱，班级各项工作逐渐井然有序，我感到好欣慰！

高尔基说，谁爱孩子，孩子就爱谁，只有爱孩子的人，才可以教育好孩子。老师对孩子的爱有多种，天天抱着"哀其不学，怒其混乱"对他们进行"说教式的劝慰"或是"高压似的打骂"是一些老师的普遍心理，其效果可想而知。学生都是独立的个体，不如换一个角度，顺着学生的心理，设计一些能够吸引学生的活动，改"被动"为"主动"，增强他们的自信心，让他们能够自主地参与，感受交往的快乐，知道学会尊重他人就等于尊重自己，从而引导与规范学生的行为准则。

3.把握时机

习惯教育需要讲究良好的契机。俗话说："好的开始是成功的一半。"在学校习惯教育过程中，抓住"开始"非常重要。要重视起始年级的习惯教育。学生跨入一个新的环境，一切都是陌生的，自律意识比一般时间要强，对未来学习和生活充满美好憧憬。

注重习惯养成的时机培养学生的习惯也应遵循学生的成长规律，不能和他们的心智发展背道而驰。从幼儿园开始倡导爱祖国、爱人民，到了小学开始谈讲礼貌、讲文明，到了中学再谈关爱生命、热爱自然，顺序就反了。按照人正常的认知规律，首先是对个人身体的认识、对个体生命的认识，然后是对人所处自然的认识、集体的认识、社会的认识，最后到了中学、大学，等学生慢慢懂得什么叫祖国、什么叫人民之后，才有进行爱祖国、爱人民教育的基础。

要抓住教育的关键期。幼儿园和小学是培养生活习惯与学习习惯的关键期，而到了中学，就是改造习惯的时期了。在儿童时期养成的良好习惯，孩子可以受益终身；在儿童时期养成了坏习惯，就有可能终身受到伤害。在养成习惯的过程中，一定要注意利用儿童的关键期。如果错过关键期，对习惯的改造将要比塑造艰难得多。抓住关键期进行习惯的培养，可以取得很好的效果。

要使孩子养成一种好习惯，父母一定要注意孩子第一次出现的行为。

新生报到那一天，我班有一名男孩子走进教室后，在后面站着，说啥也不坐下。我让他坐下，他说不喜欢和女孩子坐一起；让他单独坐，他又说书桌脏而不喜欢这个学校。就这样，他一直站到下课。我心里想：这回又遇到一个有个性的孩子。

开学后不久，有一次上课，我正在讲课，他突然举起手来。我问他有什么问题，他大声说："老师，你裤子好看！"还有一次，我在强调知识重点，我画了一个小圆圈，刚画完他就大声喊："老师，它长眼睛了！"刚入冬时，有一天外面飘着雪花，我正在讲课，同学们听得正投入，他大吼一声："下雪啦！"教室里同学们的眼光齐刷刷地瞟向窗外……他总是制造这样的突然事件。

记得有一次，我领孩子们做卷子，孩子们都静静地答着卷子。这时，他突然弱弱地说了一句："老师，裤子。"我没有弄懂，问："裤子咋了？是裤子湿了吗？"他说没有，我望向他温柔地说，那就好好答卷。他看我没有再理他，就不停地说："老师，裤子……老师，裤子……"我轻轻地走过去，趴在他耳朵边问他："你尿裤子了吗？"他摇摇头。我说："你是不是拉裤子了？"他还是摇摇头："嗯……脏……"我以为他调皮捣蛋呢，有点不耐烦了，就不再理睬他，开始批交上来的卷子。这时他把笔扔在地上了，卷子也不答了，趴在桌上生起气来。下课铃响起，第二节，我本可以一走了之，但是，经过两个多月我对他的了解，他虽然很调皮，很有个性，但是他还是很喜欢学习的，特别是做卷子时很投入，很认真，今天他这样奇怪的举动，一定隐藏着什么秘密。于是，我把他叫到门外，说："现在没有别人了，和老师说说吧。到底怎么了？裤子怎么了？"他羞答答地说："屁迸出来了，裤子脏了！"我的天哪！这么点事绕了这么半天，这个熊孩子原来是怕羞呀，这老师当得可真不容易啊！稍不留神，可能这孩子就得挺着难受一天！做一年级的班主任心得格外细。

如今，这个调皮而有个性的孩子已经上三年级了，他聪明伶俐，思维敏捷，是数学的佼佼者。是老师的包容和耐心，给了他一个宽松和自由成长的天地，让他渐渐适应了学校的学习环境。作为一名教师，尤其是一名一年级班主任教师，信任孩子，孩子才会信任老师，敢于和老师说心里话，他们才会健康快乐地成长。

4.掌控节奏

不少老师在培养学生好习惯时，喜欢一股脑儿地把所有要培养的习惯都列出来，然后让学生去训练。这样的做法，学生的习惯一开始可能会有所改变，但不久学生又会回到老样子了。为什么呢？他们不明白习惯的养成如同写文章一样，应该是有起伏和节奏的。好的教师，在培养学生良好习惯时，总是设法先易后难，让学生享受养成习惯的成就感；总是设法制造一个又一个惊喜，让学生充满着新鲜感和期待感。

因此，为了让学生更好地养成好习惯，教师不妨采取循序渐进的方法，在班级中开展"每月养成一个好习惯"的主题活动。当一个好习惯在班里养成后，教师可以围绕这个好习惯，以点带面展开多个习惯的养成。比如早读的习惯养成后，教师可以指导阅读的习惯、做笔记的习惯、整理错题的习惯等。在一个又一个新主题从易到难、从点到面地引导下，学生既收获了越来越多的好习惯，又保持了始终如一的新鲜感。

当了二十多年低年级的班主任，遇见过各种类型的孩子。有淘气的、顽皮的、好动的、不爱学习的、不守纪律的，还有个别家庭特殊的，可无论他们有什么样的缺点，我始终相信，每个孩子都是一道"独特的风景"，我们教师要睁大一只眼睛看他们的优点，眯着一只眼睛看他们的缺点，要允许他们犯错误，要教会他们认识正确的方向。有时宽容引起的震撼比惩罚更强，信任则是叩开心灵的钥匙。我们教师应对孩子少一点批评，多一点宽容，少一点苛求，多一点理解，少一点指责，多一点疼爱。这样的教育有可能会更有效果。

小宇曾经是一个让我头疼无比的孩子。他是后来转入我们班的。记得他刚来时，我们班正在外面上活动课。我远远看见一个家长领着一个小男孩向我走来，家长还没来得及让他和我打招呼，他就已经跑到孩子们中间玩了起来，虽然没有和我打招呼，但看他这么容易就和同学们玩到了一起，我还觉得他的适应能力强。可是来到班级上课，我才领教了这个学生的特别之处。上课前，我想让他像其他学生一样做一下自我介绍，好让同学们认识他。可是，我无论怎么说，他都像没听见一样，笑眯眯地瞧着别处。我以为他和我不熟悉，不知道怎么说或者是紧张，可能慢慢就好了。于是，我给他安排好了座位，让他坐下。可在我讲课的过程中，发现他根本就不听课，一会儿东瞧瞧，一会儿西望望。为了不影响教学，我继续讲课。可正在同学们静悄悄认真听课时，他忽然站起来，大喊起来，还张牙舞爪的，逗得同学们哈哈大笑。看到同学们笑了，他似乎更兴奋了。我急忙阻止他，让他安静下来。可不一会儿，他又趴到了地上。一节课下来，他状况百出。晚上放学，我急忙和他家长进行交流。这时，他家长才说出就是因为这样的"特殊"，才被原来的学校给退了回来。面对这样的"问题学生"，说心里话，我也想把他退回去。可是看着他妈妈无助又乞求的目光，我决定先接受他。我对他妈妈说："我可以收下他，但你一定要配合我，把他的这些坏习惯都改过来。"他妈妈听了，连连点头。我又向他妈妈询问了他是不是生理或心理有什么疾病，他妈妈说没有。可能就是从小一直由他姥姥带着，姥姥对他太溺爱了，连学前班都没上，在家随意惯了。

我了解了他的一些基本状况，就开始思考怎么针对他的这些症状进行"治疗"。"多管齐下"，可能他吃不消；我决定先帮他解决一个坏习惯：他不理我。我得让他和我交流，让他听我的。第二天早上，他走进教室时，我马上把他叫到我跟前，我拉着他的手，让他看着我的眼睛，告诉他，我是他的老师，他是学生，上课时，他得守纪律，不许随便说话，不许随便站起来。我还特意把他的座位调到了第一座，以便我及时提醒他、制止他。他听了我的话，第一节课，表现还不错。可是到了下午，他好像全忘了，又开始忘乎所以。这时，我尽量不理他，而且告诉同学们，不看他，不笑他，该做什么还做什么。他看看他的行为没人理会，慢慢觉得没趣，就安静了下来。每天上课前，我都提醒他：上课要遵守纪律，不许随便说话。慢慢地，他上课出意外的情况越来越少。

他上课不吵不闹了，可是仍然不爱写字。我决定：让他喜欢写字，帮他养成这个好习惯。我试了许多方法。有一天，无意中知道他喜欢各种亮晶晶的粘贴条，于是我就买了很多粘贴条拿到他的面前，问他想不想要，他点点头，把小手伸了过来。我笑着对他说，想要这些粘贴条很简单，只要他能完成我布置的任务，认真写字，就能得到。没想到，他真的动起笔来。虽然有时，他完成得不太好，但为了鼓励他，我还是会奖励给他。我也和他妈妈约好，如果他在学校表现好，他回到家里妈妈也会奖励他。就这样，在我的激励下，在他妈妈的协助下，慢慢地，他上课会听课了，也开始写字了。虽然和其他孩子相比，他还差很远，但我相信，他一定会慢慢赶上来的。

就像有人说的，每个孩子都是一粒种子，都有不同的花期。只是他的花期较晚，但无论多晚，他总归是要开放的。

5. 坚持原则

帮助学生养成好习惯，自有规律和方法，"坚持原则"就是其中之一。笔者认为，至少有以下四个原则需要遵循：

第一，在实施的过程中，要给孩子留足养成好习惯的空间和时间，要以正面教育、赏识鼓励为主，制定可行的奖励措施。让学生觉得老师的要求很容易做到，做到了对自己有益处，还会得到老师的表扬，让孩子从心里接受教育。

第二，要根据学生的年龄特点和成长规律，开展教育活动。一、二年级主要从生活习惯入手，三、四年级主要从学习习惯入手，五、六年级主要从言谈举止、为人处世方面入手。要制定一套可行的计划，不可操之过急。

第三，要根据不同年级、不同班级、不同学生的特点，因材施教，有所侧重，不能搞一刀切，这样才会有的放矢，落到实处。

第四，要不放弃不抛弃。

作为一名班主任，我一直以班级管理为重任。新学期就要开始了，孩子们再有一学期就要升入六年级，即将进入小升初的关键时期了。在五年级的下学期，一个班集体是否凝心聚力，深深地牵动着我的心。

开学的前一天晚上，我拨通了班里小A妈妈的电话。小A

一直是班级里比较令我头疼的孩子，因为他的性格比较偏执，只要是离开了我的视线，在其他学科的课堂上，他经常故意犯错，严重地影响了正常的课堂秩序。因此，要想树立良好的班风，应该从他入手。

电话里，小A妈妈向我诉说这个寒假以来他在家里日渐成熟的表现，不光有计划地完成学校布置的寒假作业，还能主动为父母分担家务，并且跟家长承诺：开学要做一个听话的好孩子。放下电话，我的心里踏实了一些。趁热打铁，我告诉自己，在开学的第一天，一定要和他好好谈。

开学第一天，当小A走进班级的时候，我把他悄悄地叫到了门外，摸着他圆圆的小脑袋，高兴地说："听妈妈说，这个寒假你懂事多了，在家还和妈妈约好，在新学期要做一个听话的孩子，男子汉就要说到做到，老师期待你的转变！"听了我的话，他的眼里有亮晶晶的东西闪过，我相信此刻的他对自己如同我一样充满信心！我也惊喜地看到，开学的第一周里，他每一天都在努力地克制自己，没有犯任何错误。

然而，好景不长，开学第二周的一天，自习课的铃声已响过好久，班里其他同学都已回到了教室，唯独缺了小A，一种不好的预感涌上我的心头，果不其然，值周生推着小A进来了："报告老师，你班的这名同学在楼道里跑来跑去，我抓住他好几次了，根本就不是承认错误、改正错误的态度，只好给你班扣分了。喏，这是扣分单！"接过扣分单，我发现姓名处赫然写着："B"！"好的，谢谢你指出他的错误并把他送回班，我来和他谈。"送走了值周生，教室里一片寂静，同学们都盯着我俩，看我如何处理他。我严肃地望向小A："其实在老师心里，时常怀念起二年级时的你。记得那个学期，老师犯了腰椎间盘突出，是你主动让妈妈每天晚上放学时来帮我打扫班级的卫生，那时候你的个子呀，也就到老师腰这里，小大人儿似的拎着水桶去打水，有一次因为水打多了，没拎住，洒了一裤子水，你一句怨言也没有，还担心水洒在走廊上影响别人走路，急着用拖布拖地呢。你们娘俩风雨不误，直到老师康复，整整一个月啊。老师至今还记得你额头上的汗珠。那个善良、勤劳的好孩子怎么还添了撒谎的毛病……"小A看着我，有些湿润的眼睛低下了头。"咱们学校人多，只有在楼道里靠右侧有秩序地行走，才能确保大家的安全，这个道理我相信你应该知道。再说，做错了改正就好了，又何必把错误施加给无辜的同学呢？不是说'好汉做事好汉当'嘛！古人云：'人之初，性本善。'老师还是很相信你的为人的。老师绝不会因为你今天犯了错误就讨厌你，但你必须扭转同学们对你的看法。同学们，你们相信他会改正自己的错误吗？""相信！"同学们异口同声地回答，让他精神为之一振。"听老师说，我和同学们一样，都相信你一定知道以后该怎么做的。你对自己有信心吗？"他抬起头，用红红的眼睛看着我，坚定地点着头……

从那天起，我和同学们明显感受到了他的改变，偶尔犯一点小错误，我也从轻处理，时不时地给他打打气。因为，我心底一直有个声音总在告诉自己："一个，也不要放弃！"

6.以身作则

在学校的教育教学工作中，班级是基本的组成单位。在班级中，班主任是其管理者、组织者、领导者。学生灵魂的塑造是班主任的工作重心，在班集体建设、学生情操的陶冶、学生素质的提高等方面，班主任占据着重要地位，也起着至关重要的作用。学生在学校中接触时间最多、受影响最大的就是班主任老师，可以说班主任就是学生的一本书、一面镜子。所以，教师应当以身作则，为人师表，在行为礼仪和言谈举止之间都要做好表率，充分发挥教师的榜样作用，从而让学生自觉规范自己的言行。

教师的表率作用具体体现在以下方面：在文明礼貌方面，教师要率先做到对每名学生人格的尊重，不能对其进行讽刺、挖苦；在热爱劳动方面，班主任应当协同学生打扫卫生；在搞好团结方面，班主任首先要团结好各科任老师，并与学生搞好关系，成为学生的知心朋友；在书写方面，教师要做到规范工整。

行为是没有语言的，但是良好的行为习惯本身就是一种教育，教师的榜样作用，往往让养成教育取得更为显著的效果。

良好习惯的养成不是一节课、一两天，说说就行的，它必须贯穿在管理过程中。低年级学生自觉性和自控力都比较差，避免不了会出现这样那样的问题。

在一年级新生刚刚入学时，要做到眼勤，多观察，找出孩子们的问题毛病，针对这些问题，要多说，勤督促，时时示范，学生慢慢就记住了。

课堂上我提出问题，学生积极举手，我非常赞同，可有几个孩子站起来，把手举得很高，并大声喊着："我，我！"这时候我不急于让他们回答问题，而是示范性地把手放在桌子上，上身坐直，等待被叫。针对类似的小情况，反复强调，久而久之，孩子们上课时坐姿标准了，举手规范了，回答问题就文明了。

课间活动必不可免会出现追逐打闹，存在危险因素。我就在自习课上或者班会上示范给孩子们一些安全的、好玩的、感兴趣的游戏，教会他们游戏规则，也鼓励孩子们发现这样的游戏介绍给大家。慢慢地，学生追逐打闹跌倒磕碰的事越来越少了。

其实，在学校，与学生接触最频繁的就是班主任，学生受班主任的影响是最大的。学生接受班主任的教育，不只"观其言"，还会"观其行"。教师要用行动做出榜样，让学生"耳濡"和"目染"，久而久之，才能产生影响学生的巨大效能。

开学时，有的学生在班里随手扔纸团，我一边教育孩子有垃圾要扔垃圾桶，见到垃圾要捡起来，一边弯腰捡起地上的纸团。慢慢地，教室地面开始清洁了，有的孩子下课后还会在教室里找垃圾捡。正所谓："喊破嗓子，不如做出样子。"

学生工作面广量大，要想取得好效果，班主任必须抓住每一个用手说话的机会，做到眼勤、手勤、嘴勤、腿勤。如有时可以和学生一起打扫卫生，放学了随手关上一扇门或一扇窗，主题班会上多讲一讲规矩或道理，天冷了提醒孩子们穿上外衣，拉上拉链，带上帽子。学生发烧了，用手测一下学生的额温。诸如此类的细节和动作，都能给学生一些积极的心理暗示，成为学生效仿的榜样。师生之间的情谊加深，教育效果是"无声胜有声"。

7. 严爱相济

在习惯的培养和养成当中，除了"爱"，还要"严"，最好是"严爱相济"：在信任和爱的基础上，稳定中严。主要体现在：

第一，要讲目的，求效果而非求痛快。启发觉悟，语言做到有分量，但不伤人。

第二，要讲态度，心平气和，以理服人，少发脾气，避免粗鲁。

第三，要讲究方法和策略，看准对象。

第四，自我批评，适当处分。

第五，注意观察改正的情况。

　　说起做班主任的感受，其实，我和所有班主任一样，早来晚走，辛辛苦苦，为班级工作任劳任怨，虽然没有做过惊天动地的伟业，但我走过的每一段路、留下的每一个足迹，都觉得无怨无悔。班主任工作琐碎、繁杂，不但要教好所任学科，还要培养一个健康向上的班集体，有时会让你寝食难安、心力交瘁，有时又会让你心花怒放、沉醉其中。

　　班干部是班主任和学生联系的桥梁，是学生的精英，是教师的助手，是自我管理体现最明显的一部分。我在选择班干部时，遵循两个原则：第一个原则，责任心强，办事公正，品学兼优，有较强的组织能力和活动能力，易于他人沟通的学生，并且有一定威望；第二个原则，各类特色学生，如班上绘画能手、写字能手、劳动积极分子、体育好等等，扬长避短，最大限度地展示他们的能力。这样产生的班干部，工作热情高，工作态度端正，能切实起到模范带头作用，有利于贯彻落实班主任的要求。我带领他们从一开始就明确班级努力和前进的方向，营造一个温馨而又充满朝气的学习环境。定期召开班干部会，总结工作中的得失，促进班级工作的开展。为了努力提高班干部的工作能力，我经常找他们谈心，帮助他们改进工作方法，在适当的范围内放权，调动他们的积极性、主动性。结合班级的实际情况，制定各方面的管理制度，让他们大胆工作，我只在必要时给他们出出主意，做些指导。事实上，我培养的班干部，能把同学们团结在身边，带领同学们把班级活动开展得有声有色，而很少向我问这问那！我只是偷偷地关心，暗暗地管理。对于培养班干部我要总结一句话："班级无小事，事事你得管，但事事不独揽。"培养班干部的方法还有：给班干部戴高帽子。经常表扬他们，多给他们一些荣誉。班干部带着同学们一起干，有着带头作用和凝聚作用。

不论哪个班我带班主任，一般先培养他们品德，再培养习惯，然后才培养成绩。学生一定要有礼貌，讲文明，尊老爱幼，尊敬师长，团结同学，喜欢做好人好事，拾金不昧，等等，我经常在班上大力表扬。"金无足赤，人无完人"，再好的学生难免也有不足之处，再差的学生身上也有自己的优点，及时捕捉学生的闪光点进行因势利导，使他们产生积极的情感，从而以点带面促使学生全面进步。我所带的每一届学生，我总以最短的时间，了解每一个学生，了解他们的心理，然后因材施教，抓住契机，鼓励上进。如学校每年举行的运动会，有的同学学习虽然成绩不行，但体育好，我就抓住机会，做一些学生思想工作，让他们爱运动，然后爱学习，因此，我觉得要适时引导学生了解自己的长处和短处，增强学习的信心。又如有时上课班上突然冒出那些从不回答问题的学生，可能因为心情好，在课上突然主动回答问题了，很出乎我的意料，这是意外收获，我抓住这个契机，进行鼓励，说他们其实都非常聪明，他们学习成绩虽然不很理想，但我相信，经过努力，他们的学习成绩必将是班上进步较大的，这之后班上部分后进生学习成绩有所提高。捕捉闪光点，抓住机会，鼓励上进，有助于树立学生的自信心。

对学生严爱相济，付出爱心与严格要求是不矛盾的。爱心是伟大的，但绝对不是万能的，如果仅有爱心，没有严格要求，

也不行，当然，严格要求之中，一定要包含爱的感情。班上有
学生自觉性稍差的，他还主动叫我对他严格些。作为一名教师，
特别是班主任，首先应该是爱孩子。对全班学生，无论是品学
兼优的学生还是令人头疼的后进生，均应一视同仁，爱得公正，
才能让学生信服。"一切为了学生，为了学生的一切，为了一切
的学生"，也就是说，对学生有一种爱心，多一分耐心，给学生
一点信心，把学生当成自己的孩子，班级就像一个大家庭，教
师就是家长，要对自己的子女充满爱，这就要求我们班主任得
扮演多重角色，既是教师的角色，又是家长的角色。当学生有
困难时，我就尽心尽力地去关心关爱他们，让学生在学校读书
时有一种在家里的感觉，时时要对学生有一种牵挂。

8. 角色互换

教师当久了，会形成"教师思维"，考虑不到学生的真实感受。这
时，教师与学生进行"角色互换"，有助于教育教学工作顺利开展，而
且能取得意想不到的效果。当然，这种"角色互换"，并非教师抛弃自
己的教学目的，真的去当一名一身坏习惯的学生，而是换一下僵化的
"教师思维"，进行教育教学的改革创新，很多时候也是让学生来当一回
"老师"，甚至是其他角色。

　　自从参加工作以来，我一直担任低年级班主任工作，因为
孩子小，很多事情需要老师亲力亲为，所以我每天总是早早地
来到学校，把班级卫生打扫好，再静下心来精心备课，让孩子
们轻松上好每一节课。再回首，没有什么轰轰烈烈的壮举，有
的只是默默无闻的付出，有的只是满腔热情的小故事。

　　首先，学会倾听。刚入学的孩子没有养成良好的行为习惯，

叽叽喳喳地说，不分场合地打闹。我们要求他们上课有正确的坐姿，有问题懂得举手示意，可是我们说了很多遍，他们就像没听见似的。于是，我告诉他们，一定要认真倾听老师说话，会看老师脸色。如果老师生气了，你要想想老师为什么生气，是不是你犯错误了。如果老师长时间盯着你看，那肯定是你不守纪律了，应该马上改正错误。

其次，认真站排。对于刚入学的孩子，把排站好也不是一件容易的事，孩子们想怎么站就怎么站，常常是站好前面后面乱，站好后面前面乱。我把学生编上号，从女孩排1号、2号……排到男孩的时候，尽量让纪律好点的女孩拉着纪律差的男孩，这样既能避免淘气孩子在一起，又能起到以好带坏、互相督促的作用。给孩子们编上号后，每次站排，学生都能很快找到自己位置，假如有个别同学忘记自己站哪儿了，旁边的孩子也能帮着找一找。站好排后，我会领着他们认识各个楼层的班级，各个办公室，聪明的孩子会记在心里，以后可以让孩子帮忙送送东西。然后我们来到操场，告诉孩子们哪里可以玩，哪里不可以玩，以及上厕所时从哪个门进去，从哪个门出来。事无巨细，就像导游交代游客一样，以免孩子们玩危险游戏以及发生碰撞现象。

最后，儿歌作用。教会儿歌，发挥儿歌的作用，我觉得方法虽俗套，却很有效。比如：上课时有上课歌，写字时有写字歌，读书时有读书歌。再比如：刚入学的孩子注意力集中时间短，这时我们可以发出指令，告诉孩子们，老师说1，生说脚放平，老师说2，生说背挺直，老师说3，生说手放桌面上。老师像报时鸟，孩子们就像扬声器，师生合奏，既可以集中孩子注意力，又很好地维护了课堂秩序。

　　经常听见有人问：乔木和小草，哪个更重要？答案是：两者一样重要。社会既需要乔木，又需要小草，它们都是不可替代的。习惯教育的关键就在于：要让乔木长成最好的乔木，让小草长成最好的小草！这个目标一旦确立，然后就是默默耕耘，静静等待，等待着花开。

下编　实践编

全书完

第六章　九个学习好习惯

如果生命是船，那么习惯便是能让他（她）远航的帆。良好的习惯能让他（她）的生命之船在远航中绕过冰山和暗礁，看清风息风起，潮起潮落，顺利到达理想的彼岸。

一、课前预习的好习惯

很多学生在学习新课的时候都是一味地被动接受学习，而省略了自己主动探索求知的过程。有效的预习能够提高学生学习知识的目的性和针对性。预习是提高学习效果的有效手段与途径；是上课前对即将要上的教学内容进行阅读，了解其梗概，做到心中有数，以便掌握听课的主动权；是独立学习的尝试，对学习内容是否正确理解，能否把握其重点、关键，洞察到隐含的思想方法等等，都能及时在听课中得到检验、加强或矫正，有利于提高学习能力和养成自觉的习惯，让学生从被动学习走向主动学习，让学生成为学习的主人。"预习"突出了学生责任感与自主性，以预学习为特征，是教与学的起点。学生预学习的概念就是学生在正式学习前，在技能、知识或态度等方面的预备学习，是训练学生形成良好学习习惯的主要渠道，应该受到广大老师的重用。①

《礼记·中庸》说："凡事预则立，不预则废。"工人建房要备料，农民耕作要备耕，军队打仗要备战。学习也是一样。

学习能力的培养应侧重于自主学习和学习习惯，教师在传道授业的基础上要注重学生学习习惯的培养。②传统教学中的预习，虽然有"自我预习、及时发现问题、让部分知识迁移"的优点，但由于是让学生直接到未知领域去探索，缺乏探索的方向，缺乏必备的前奏，缺乏应有的知识，因而往往存有"探索受阻、心理受挫、忽视能力提高"的弊病。高效的预习是助推预习价值最大化的要求。

---

① 祝雯.学好数学，从培养预习习惯开始［J］.文理导航（中旬），2021（4）：20-21.
② 王浩.课前有效预习能力的培养策略［J］.基础教育研究，2018（7）：51-52.

　　那么，如何才能高效地进行预习呢？以小学语文学科为例，有五步预习法，即读一读、写一写、查一查、想一想、问一问。以读一读为例：读是是理解课文内容、体会课文思想感情的主要方法。朗读和默读是读的两种常见形式。朗读课文起码要2—3遍，做到不错字、不添字、不漏字，而默读课文也不能少于2遍，在默读中要标出课文的自然段，从而对课文主要内容有个大致了解。①

　　当然，不同的学科对于预习的要求是不一样的，不同的学生对于同一学科的预习方法也是不相同的。但是，无论何种学科，无论什么特点的学生，都必须坚持课前预习的基本原则。

　　笔者认为，对于预习而言，预习者要明确以下二点：

　　首先，谁预习？这一问题是明确预习的主体是谁，只有明确了预习者的角色，才能更好地完成接下去的所有环节。主题的明确，可以在某种程度上强化预习者的角色感、使命感以及成就感。

　　其次，为何预？预习者一定要问一问自己：为什么要预习？明确了这一问题，有利于提高预习的主观能动性，也会极大地提高预习的精准性。否则，就是会让预习行为具有盲目性、随意性，最终导致预习效率下降。

　　最后，预什么？预什么是涉及预习行为中最核心的内容，这也是影响预习者能否有效预习的关键因素。如果预习者不知道自己将要从哪些维度或哪些层次去对所要预习内容加以着手，那么势必会阻碍预习作用的发挥。

　　综上所述，教师和家长都必须重视孩子在学习过程中对新学知识的预习环节，要从多方面、多角度、多维度地引导和帮助。

①王朝霞.小学语文课前预习"五步法"［J］.科学咨询（教育科研），2018（3）：35.

二、专心听讲的好习惯

曾有人开展对比实验，将知识水平近似的学生划分为两组：第一组同学，一边听故事一边完成简单加法习题；第二组，虽然也需完成如上两件事，但两件事分开完成。相同时间后，对习题成绩进行检查，并要求学生复述故事内容。结果表明：第一组在复述、习题的正确率方面均明显低于第二组。由此可见，普通人往往无法同时以较高的质量完成两件或两件以上的事情。

专心致志，具体涉及两大块：其一，需确保主攻方向不分神；其二，需全神贯注、避免开小差。

学生为什么不认真听讲？学生课上没有足够的积极性，自身知识储备较低，没有较好的学习习惯，教师教育方式的陈旧，自我自制力较差，自我意识的不健全，都会影响到学生听课行为。[①]

作为教师，如何从上述因素入手，找到解决的对策，从而提高学生课上听课的效果？提高学生认真听讲的途径与策略有很多。实践证明，课堂教学过程中师生有效互动，对学生认真听讲有重要的影响。

有效的师生互动策略需要在不断的实践中加以提炼、优化与整合。无论是教师自身教育理念的转变也好，还是学生参与互动的意识、互动评价的形式、基于现代化教育媒介下的互动氛围营造也罢，都需要坚持灵活性。这四个维度上的策略需要根据课堂教学的实际情况加以判断。

---

① 李学军，孟唐琳.学生不听讲的原因及对策［J］.内江科技，2007（5）：139，145.

三、爱提问题的好习惯

常言道："学起于思，思起于疑，疑解于问。"思维发展往往是从问题开始的，问题是推动儿童创造力发展的动力，提问题比解决问题更重要。爱提问题的人，往往是积极思考、富有创造力的人。问对于学生这么重要，教师理所当然要引导好学生善于发问。

学生为什么不爱问？不爱问的学生的心理类型有七种：腼腆害羞，自信骄傲，自暴自弃，有心无力，依靠自我，不信任老师，先天寡言。①

针对上述七种心理类型，教师可以在教学实践中对学生进行必要的心理指导。从教师层面来讲，要克服恣意滥问、提问随便、问不得法等不当做法。课堂提问，在教学活动中，历来都是教师问、学生答，虽然教师给了学生一定的思考空间和余地，但主动权仍然控制在教师的手中。教师要善于提问。

教师如何提问，才能取得好的效果？笔者将课堂提问归纳为"六要诀"，即：

第一，问处有疑，而不随意；

第二，问题有度，而不滥用；

第三，问语精确，而不含糊；

第四，问话形象，而不平淡；

---

① 张晓东．"学生不爱问"心理浅析［J］．四川师范学院学报（哲学社会科学版），1991
（3）：137-138.

第五，问法有变，而不单调；

第六，问式有趣，而不呆板。

欣欣以前上过很长时间的学前班。学前班边学边玩的授课方式，给了她一个宽松的环境，让她觉得上课不举手也没什么关系。这就使得她在学校上课的时候，觉得没有必要去回答老师的问题。今年她已经上二年级了。平时的她，是一个乖乖女。在班里，如果不特意找她，来没来上学任课老师都不会发现。她比较努力学习，但是成绩一般。上课的时候，她很少举手回答问题。即使老师提出的是一个非常简单的问题，她也丝毫没有想要回答的意识，只是平静地看着老师，好像老师的提问和她没有任何关系一样。

一次上语文课，老师问了一个很简单的问题：请同学用"丰"组词。别的同学都踊跃举手，但为了给她一次机会，老师等了又等，还鼓励说："我想请这节课没有回答过问题的同学，给大家用这个字组词。说错了也没有关系，老师不会批评的。"她看着老师，还是没有举起手。当老师请她来回答这个问题时，她却回答老师："我没有举手啊！""没关系，试着组一个词，咱们的课文中有的也可以。""丰收。"她低着头，小声说。很明显，上课时老师提出的问题，她并不是全都不会回答，只是不愿意举手。

上述案例中，欣欣不但不爱提问题，而且不爱答问题。虽然欣欣在学习上比较努力，但是因为她并没有重视课堂上和老师的呼应，在上课的时候，比较容易出现走神的现象，所以成绩并不是太好。成绩一般，让她更不愿意在同学和老师面前回答问题，即使是很简单的问题，也害怕会说错。

其中原因，大概有4点：

第一，以前上过很长时间的学前班。学前班边学边玩的授课方式，给了她一个宽松的环境，让她觉得上课不举手也没有什么关系。再加上老师管得并不是很严，又没有考试压力，所以，即使上课走神了也无所谓。这就使得她在上课的时候，觉得没有必要去回答老师的提问。

第二，她自己觉得平时都很认真地学习，可是成绩在班里不太好，老师不会喜欢自己。再加上老师有时因为她没考好成绩而批评她，她就觉得还是不要让老师注意到比较好。

第三，有的时候，即使自己能想出答案，她也不敢在课上说，怕回答错了，受到同学的嘲笑。正是因为她不爱回答问题，有时候老师并不能确定她是不是听懂了，总是要多问一下她是不是听懂了。这样一来，更让她觉得自己是班里最差的，对自己更没信心，导致恶性循环，更不愿意举手回答问题了。

第四，孩子性格过于内向，胆子太小，不敢在他人面前展示自己。

如何破解呢？

第一，想让孩子在课上能够主动举手回答问题，就要培养她回答问题的兴趣。在家里，家长可以对孩子进行提问，根据学过的知识，由浅入深，让孩子在回答的过程中，发现乐趣，逐渐变得愿意回答问题。

第二，当她回答错误的时候，家长不要去正面否认她的回答，如果立即否认她，孩子会更加没有自信，觉得自己什么都回答不好。这时，可以让她继续想一想，从侧面提醒她，引导她说出正确的答案，并给予鼓励。有时候，家长认为，既然都是学过的知识，就应该全部掌握，在回答的时候也是一点问题都不应该有的。但孩子的年龄毕竟比较小，很多时候会出现遗忘现象，即使是没有遗忘，也需要一段时间的反应，才能回答出来。

第三，父母与孩子一起做游戏，如跳绳、下棋……在这些游戏中，父母要特意输几回，让孩子赢，在与孩子游戏过程中，父母要不断与孩子交流。当孩子赢了，家长告诉孩子："你真棒！老师同学一定喜欢你这时的样子。"当孩子输了，家长告诉孩子："谁也不可能永远赢，输了以后更要努力。"

第四，有的孩子成绩不太理想，当老师提问的时候，会更害怕被别人注意，害怕自己在同学面前因为回答错误而受到嘲笑。这就需要家长和老师共同配合。家长要帮助孩子树立信心，可以提前帮孩子进行预习和复习的工作。这样在回答问题时，孩子就有底气了。

第五，家长还可以给孩子制作一个小表格，请孩子在上面记录自己每天发言的次数，每周进行总结。发现孩子的进步时，家长就鼓励继续努力。让孩子逐渐变得自信，希望争取到更多回答问题的机会。

从能答问题，到爱提问题，需要家校合力，要一步一步引导孩子。

四、及时改错的好习惯

人非圣贤，孰能无过，在人生的漫漫长途中，犯错已经成为我们的家常便饭，然而敢于承认错误的人并非多数。或许你会对我说："人活一张脸，树活一张皮"，当着别人的面承认自己错误，会有失自己的脸面。

其实，有了错误并不可怕，关键是看我们如何对待错误。如果对出现的错误视而不见，不及时改正，那么就是放过了补救的最佳时机，时间长了，则更难以纠正，只会一错再错。

只有及时改正错误，才能站在错误的肩膀上一步步提高。

儿子小福快一岁时，有一天中午，他自己拿着小汤匙，把饭吃得桌上、地上到处都是。那天我的心情本来就不好，一看到这么脏乱，就不管三七二十一地大声抱怨：

"怎么吃得这么脏？做也做不完的家事，烦死了！"

被我这么大声一叫，那坐在高脚椅里、专心对付着食物却满脸粘着蔬菜糊的小福，"哇"的一声，吓得大哭了起来！

我的气正要沸腾，突然，瞥见在厨房的右边角落，站着一个小小的身影，动也不动地看着我……

我问那个小身影："宁宁，你为什么这样看妈妈？"

三岁的宁宁回答："你是坏妈妈！弟弟本来就会吃得到处都是，你却要骂他。"

那个小身影，头抬得高高的，回答我的质问。

刹那间，我的气，转成了羞愧和骄傲！

我羞愧，是因为我的情绪失控，借题发挥，竟这样以发泄式的言语伤害自己的小孩，而他还不到一岁。

我骄傲，是因为女儿的勇敢和直言。不到三岁的她，能看得见谁是谁非。更重要的是，她能"放心"的，以她所能使用的语句，来说明她的想法和评断。

我把儿子抱下椅子，擦一擦他的脸，对他说：

"对不起，妈妈刚刚乱发脾气了！"

然后把女儿抱在怀里，也对她说：

"妈妈自己心情不好，不应该乱发脾气的，不该说弟弟烦死了！谢谢你这么诚实，勇敢地告诉妈妈心里的话。"

接下来，就在我拿起抹布擦地的一刹那，女儿说："妈妈，我也要擦。"

于是我各拿了一块抹布给儿子和女儿，一个蹲在地上擦，另一个还不会走路，所以爬着擦。当然，地是愈擦愈脏，但我的心，却愈擦愈温暖……

上述案例中，孩子，从成人的"身教"那里学会认错。孩子是从真实的大人那里，学会对"对与错"的选择，学会如何面对自己的错误，因为那是沟通的过程。换句话说，要培养一个家的沟通能力，要从成人"有错就反省、道歉"的身教开始。

"有错"而不"反省"，将对孩子造成伤害。有时，大人偶尔意气用事，不会造成大的负面影响。但大人要有反省力，反省自己的处理方式合不合适。或坦白地说，大人要了解，语言是有杀伤力的！在孩子犯错或造成自己不方便时，切忌对孩子口不择言，大声责骂，或觉得幼儿的担心是无稽之谈。因为长期下来，那会降低孩子的自尊和自信，令孩子妄自菲薄，甚至觉得自己是坏孩子。

敢于承认错误是一种态度，也是一种勇气。逃避的人，虽然得到了暂时的幸福，但是他们没有及时地改正错误，最终一错再错，得到了更大的损失。而勇敢地面对错误的人，终止了损失，得到了经验，做起事来便会一帆风顺。不论处于什么样的环境，错了就勇敢地承认并加以改正，你就会发现，自己拥有了一份坦荡的胸襟和气度。

做父母的如此，做教师的更是如此。在教育教学的过程中，学生肯定会出现不同类型的错误，教师要引导与培养学生认识自己的错误并加以改正。真正好的教学源于教师正直、诚实的优秀品质。优秀教师完全沉浸在课堂上，和学生作深层次的交流。他们能编织一个复杂的网，这张网连结着学生、课程以及他们自己。只有这样，学生才能学会为他们自己编织出一个世界。这张网以及它所包含的种种联系超越了技巧和方法，存在于教师的内心中。教师的内心包含着知识、情感、精神和意志。

面对学生的过失或错误，不同教师处理的方式不同，产生的结果亦不同：有的过失或错误不断减少；有的非但过失或错误没有减少，反而与教师之间因关系的恶化而心理负荷加重，其正常学习、生活的状态受到严重影响。[①]

教师如何帮助和引导学生养成及时改正错误的习惯呢？

笔者认为，有四个策略：

第一，教师要率先垂范，向学生树立认错的榜样；

第二，教师要宽容大度，帮学生消除认错的顾虑；

第三，教师要因势利导，助学生收获认错的果实；

第四，教师要搭建平台，供学生分享认错的感受。

五、查询资料的好习惯

学习效率的提高需要有高效的学习方法，其中查询资料就是一种。

小学阶段更要培养学生对此习惯的养成。随着信息技术手段的不断发展，如今获取知识的途径更加多元化。作为家长和教师一定要认识到这一点，正所谓"授人以鱼，不如授人以渔"。

以小学语文学科为例，教学实践中，一些教师依然以应试为目的。引导学生收集资料、整理资料、交流资料需花很多时间，教师教学任务重，教学时间紧，对课本内容都忙于应付，培养学生收集资料更无暇顾及，且认为收集资料与考试无关，没多大用处，舍不得花时间去认真引

[①] 丁志强，张宏.浅谈学生认错品质的培养［J］.教学与管理，2012（4）：33-34.

导、培养。大多教师只粗略地布置一下任务，不注重学生完成的质量。甚至有许多教师为怕麻烦，代而为之，自己收集，再展示给学生。学生的兴趣调动不起来，被老师牵着走，没有前进的动力，体验不到成功的快乐，最后的资料收集也只是走走过场。

那么，我们到底该如何进行查询资料能力的培养呢？下面的做法可供参考：①

第一，调动兴趣。

一方面，采用肯定、鼓励、表扬的方式。当学生第一次收集资料时，只有少数学生完成，完成的质量也不高。教师对于不同学生的实际情况，应因人而异，采取有针对性地鼓励性评价，使学生兴趣得到激发，热情充分调动。对完成任务的学生给予肯定，寻找他们资料中的亮点，真诚地欣赏、鼓励、表扬。对有所欠缺的资料，耐心地指导，让学生感受到你对他的期望。在每次收集资料后，通过手抄报等形式展示并评奖，让学生获得满足，并带动其他学生，充分调动起学生收集资料的兴趣。

另一方面，提供表现的平台。当学生收集资料后，教师利用一定的时间为学生提供展示的平台，给他们充分表现的机会。当学生在小组中、在班上慷慨陈词的时候，内心将获得极大的满足，由被动、消极变为主动、积极，充满信心，从而对下一次收集满怀期待。对于中高段的学生，在收集资料、展示资料的过程中，由简到难，循序渐进，学生会更轻松自如，易于接受。例如利用课前5分钟，长期开展信息交流活动。学生记住最感兴趣的信息，用一两句简洁的语言向同学介绍时事新闻或身边新闻。学生说起来不费力，同学们听起来也明了。在不断的交流中，学生获得大量信息，同时会明白收集资料也不是什么难事，生活中

---

① 谢小云.小学语文课堂中学生收集资料能力的培养［J］.科学咨询（科技·管理），2017（8）：176.

处处皆可收集。

第二，提供方法。

调查访问，查阅图书、期刊、报纸，观看影视资料，使用电脑网络，都是收集资料的好方法。

在调查访问时，注意引导学生确定合适的人选，准备好询问、请教的话题，做好相关记录，回去进行整理。调查时，谦虚有礼。

查阅图书、期刊、报纸，一般在图书馆，注意分类查阅，查阅时，安静有序。

关注热点新闻，一般通过观看影视。观看时，根据需要，抓住重点进行记录。

使用电脑网络，是最常用也是最方便的方法。

第三，目标明确。

学生查阅资料要围绕课堂教学进行。

查阅前，教师布置任务要目标明确，简单明了，要确定好收集范围，学生才不会漫无目的，无从下手。如教学《飞向蓝天的恐龙》时，看到课文插图中各种各样的恐龙，学生们兴致高涨，特别是男孩子，大呼小叫，纷纷说着自己喜欢的、认识的恐龙。面对这样情景，我抓住时机，要求学生收集自己喜欢的恐龙资料。第二天，孩子们收集的资料信息丰富，各不相同。目标明确了，学生查阅起来就有章可循，轻松多了。

在收集资料时，注意留出合理的时间，让学生去查阅资料。否则，学生既要完成家庭作业，又要收集资料，时间过长，会产生厌烦情绪，就会敷衍了事，达不到收集的目的。

第四，学会取舍。

面对网络形形色色的资料，学生眼花缭乱，往往分不清重点，难以取舍。有很多学生收集的资料虽然符合要求，但长篇大论，自己读起来都生涩拗口，同学们听起来不知所云。

如四年级语文上册五单元介绍世界遗产名录，课文有《长城》《颐和园》《秦兵马俑》等，要求学生收集相关的资料。学生收集的资料中，有相当一部分资料很长，学生自己都读不懂。例如有关故宫、天坛的资料，文中专业术语较多，对于四年级的学生来说，要理解很不容易。有的学生收集的乐山大佛的资料甚至带有迷信色彩，学生难以区分精华与糟粕，统统收集起来。

课堂中，我们要指导学生学会筛选，让学生明白收集的资料要根据文本进行取舍，抓住重点，整理概括，自己能读得懂、弄得清，使自己获得更多的课外知识，更深刻地感悟文本内容。

第五，交流共享。

资料收集整理后，更重要的是交流资料、分享信息。

课堂上，一定要给学生展示的机会，学生辛苦付出，总想有所表现。交流方法很多，可小组交流，可全班汇报，可课前介绍背景，可课后拓展，也可课中补充资料。方法多样，让每个学生都有发言的机会。胆大的侃侃而谈，充满信心；胆小的逐步成长，锻炼了胆量。在不断地学习中，增强信心，体会成功的欢乐，内心可以获得极大的满足。

五年级下册六单元综合性学习中，我布置学生写有关姓氏的调查报告。课上，我让孩子们谈自己姓氏的起源，认认自己的亲戚。课堂气氛热烈。"哈哈，原来你也是姬姓后代！""原来我们是一个祖先！"……交流中，学生了解到更多的姓氏文化，对姓氏文化充满了好奇心。

在交流分享中，学生了解了更多信息，懂得了更多知识。交流时，鼓励学生畅谈收集的方法，反思自己，博采众长，补己之短，使自己的收集整理更好。

六、不再磨蹭的好习惯

很多家长都会有这样的感受：孩子做事总是磨磨蹭蹭，在家做作业各种拖拉，一会儿玩铅笔盒，一会儿玩手指……1个小时能完成的功课，硬是被拖到晚上至少10点多钟。

在学校的教育教学过程中，教师也会发现类似的情形：学生写作业拖拖拉拉，时间过长。

那么，到底是什么原因，导致我们的孩子出现上述现象呢？

对于这一问题的剖析与寻觅良策，迫在眉睫。通过"中国知网"数据库，输入"磨蹭"一词进行篇名检索，结果有约200条。这些文献，可谓"仁者见仁，智者见智"。笔者选取其中较有代表性的一些研究成果，加以共享。

学生磨蹭分为三种类型：（1）先天气质+心理暗示类型；（2）意志薄弱+缺乏观念类型；（3）追求完美+缺乏自信类型。①

有人持不同意见，将学生"磨蹭"的心理类型分为四种：（1）注意力不集中型；（2）过度依赖型；（3）学习困难型；（4）完美主义型。

针对注意力不集中型的学生，要从外在因素（如家庭学习环境）和内在因素（如发泄自己的不满）入手，为其提高有利于集中注意力的家庭学习环境，尽量减少对孩子唠叨和训斥的次数，平时多鼓励孩子做自己喜欢做的事，根据孩子的年龄特点让他（她）学会在一定时期内集中注意力做一件事。

---

① 张洁.班里总有学生做事磨蹭怎么办？［J］.班主任，2014（12）：40.

针对过度依赖型的学生，可以进行适当的训练、减少父母代劳的事物，要放手培养孩子的自主能力，用自然惩罚法让孩子尝苦果。

针对学习困难型的学生，家长、老师和社会要给予他们更多的关心和爱护、理解。

针对完美主义型的学生，家长和教师要多鼓励，少指责，多协助，少竞争。①

对于磨蹭的孩子，特别需要注意的是，父母要停止自己积极、孩子消极的互动方式，设计与孩子的谈话方案：（1）选一个双方都心平气和的时机和他（她）聊一聊，告诉他（她）以前做事情慢，妈妈着急，只好催他、拉他。每当这时候，妈妈心里也很不舒服。这里表现出妈妈的真实情绪，同时要谈到孩子的感受，比如："我感觉我催你的时候，你也不开心。为了这样一件小事，弄得咱俩都不开心，这多不值得。"（2）告诉他（她）上周妈妈曾经作出的尝试，也觉得老是催促他不好，就尝试不催促他（她），但有时候还是忍不住，因为妈妈爱他（她），关心他（她）生活的各个方面。（3）告诉孩子妈妈的期望：不用妈妈催，自己按时起床入睡，自己洗澡、准备衣服。如果你能做到，妈妈在旁边看着，就会心花怒放。②

七、仔细审题的好习惯

培养学生细致而有序的审题能力，对于学生的成长发展有着积极的

---

① 姜松梅，张勤."磨蹭"的心理分析及其对策［J］.湖北教育学院学报，2006（7）：90-91.

② 杨杰.催出来的"磨蹭大王"［J］.家长，2016（1）：41-44.

促进作用。

苏霍姆林斯基认为，阅读是开展学习的前提，如果学生能在学习数学的过程中掌握审题的方法，养成良好的审题习惯，就能轻松应对数学试题，准确、快速作答。

学生在审题过程中呈现出的主要问题表现在四个方面：一是无法抓住重点；二是漏审错审现象严重；三是缺乏审题的耐心；四是缺少审题的技巧。[①]

具体如何审题？以小学数学为例，在教学中引导学生通过"读"把握重点，通过"做"突破难点，通过"写"理清关系，从而培养学生的审题习惯。[②]

另外，传授学生筛选、抓住关键词的审题技巧，是一个重要的途径。仍以数学为例，不同的数学题要解决的问题不一样，而题目之间的区别往往就体现在关键词上。[③]

总之，教师在教学中应立足长远，教会学生科学的审题方法，培养学生良好的审题习惯，使学生每次解题时都能自觉地按照这种习惯行事，不断提高自身的审题能力。

八、勤于动笔的好习惯

常言道："好记性不如烂笔头。"也就是说，在学习的过程中，要养

---

① 孙向红.如何培养学生细致有序审题的习惯 [J].散文百家（新语文活页），2021（7）：181–182.

② 江雪香.立足读、做、写，养成好习惯：谈培养小学生数学审题习惯的策略 [J].基础教育论坛，2021（1）：34–35.

③ 顾益谦.浅谈小学低年级学生数学审题习惯的养成 [J].新校园，2022（3）：54–55.

成课堂记笔记的好习惯。

心理学家巴纳特1981年以学生为被试对象做了一个实验，研究了做笔记与不做笔记对听课学习的影响。其将大学生分成三组，每组以不同的方式进行学习。

甲组为做摘要组，要求他们一边听课，一边摘出要点。

乙组为看摘要组，他们在听课的同时，能看到已列好的要点，但自己不动手写。

丙组为无摘要组，他们只是单纯听讲，既不动手写，又看不到有关的要点。

学习之后，对所有学生进行回忆测验，检查对文章的记忆效果。

实验结果表明：在听课的同时，自己动手写摘要，该组学习成绩最好；在听课的同时看摘要，但自己不动手，该组学习成绩次之；单纯听讲而不做笔记，也看不到摘要，该组成绩最差。

那么，怎样才能使孩子养成"读书动笔"这一好习惯呢？

第一，要让学生知道动笔干些什么。

第二，要让学生学会应该怎么动笔。

以阅读语文课文为例，要教会学生运用各种符号加以记录自己的学习过程。常用的符号有：短横线，画在生字新词下面；长横线，画在优美语句下面；波浪线，画在文章重要语句下面；双波浪线，画在中心句的下面；小圆圈或小三角形，标在文章的重点词或优美词语下面；有疑问的语句末尾或旁边，用问号；有感叹或惊奇的语句末尾或旁边，加上感叹号；等等。[①]

---

① 朱志明.培养学生认真书写的习惯［J］.七彩语文（教师论坛），2013（7）：62.

九、认真书写的好习惯

人们常说："字如其人。"写好汉字，不仅要掌握最基本的书写方法，还要注重学生良好写字姿势的规范引领，让学生把字写端正，养成良好的写字习惯。培养学生认真书写的习惯，比指导学生如何练写更加重要。

汉字作为世界上使用人数最多、存在时间最长的文字，蕴含着中华民族集体的智慧，同时是中华文明得以传承至今的主要保障。要想实现人与人之间有效的书面沟通与交流，就必须具备正确、规范地书写汉字的能力，这对于学生养成终身学习的能力是非常有帮助的。写好汉字能够帮助我们更好地传承中华民族优秀的传统文化，实现学生审美能力以及文化品质的显著提升。通过认真书写，可以让学生体验"认真"的快乐，明白"慢"就是"快"的道理，在练字中养成认真的书写习惯，"认真的自我"需要长久地培养。[1]

在培养策略上，可以从学生的特点出发，激发汉字书写兴趣。

从强化训练入手，让学生掌握规范书写的要领。

从评价作用的发挥上，激发规范书写兴趣。

总而言之，要想培养学生良好的书写习惯，一定要提升学生的规范书写意识，让学生认识到书写规范汉字的重要意义。同时，帮助学生掌握正确书写汉字的要领与技能，对学生规范化的书写进行有效的评价，可以对学生的书写兴趣起到激发作用。[2]

---

① 谭和.让学生养成读书动笔的习惯［J］.启迪与智慧（教育），2015（3）：83.

② 刘应萍.得语文者得高考，得书写者得语文：浅谈如何培养高三学生认真书写的习惯［J］.新课程（下），2019（5）：173.

第七章　九个做人好习惯

人能直立行走，人能吃喝玩乐，人有喜怒哀乐，人也有酸甜苦辣，它们不停地编织着我们美好的生活，让我们找到生命的源泉。人是感性与理性的结合，你有没有被别人感动过？你有没有感动过别人？在我们周围，实在有太多太多的东西值得我们学习。为何做人？何须翻箱倒柜去找答案，亲情、友情、师生之情、手足之情等等，这些"情"足以团团包围着你，让你找到做人的价值了。

朱熹说："圣人千言万语，只是教人做人。"生活只有一次，希望你，也希望大家，珍惜这仅有的一次生活历程，学会做人。

一、心态积极

随着"非智力因素"理念的普及与发展，教师逐步意识到要想让学生学会学习，除了要有效培养学生的智力水平之外，还要综合关注学生的非智力因素，让学生顺利积累健康、幸福的成长经验。

心态，指一个人在某种活动氛围中所产生的心理倾向、情感流动。积极的学习心态指学生在学习过程中所产生的爱学、乐学、愿学等心态，以及因为理想效果所产生的成就、期待心理。

学生的积极心态，既是对事物做肯定性判断的情感及价值观基础，又是对事物进行否定性判断后的反思与调节基础；既是对美好与崇高事物的积极向往，又是对事物矛盾辩证认识后的积极反思。

学生积极心态的形成，有六个因素：

第一，有人爱，温情充盈内心；

第二，有事做，勇于承担责任；

第三，有信念，有积极向上的力量；

第四，有微笑，有坚强面对的乐观；

第五，有希望，有源自收获的动力；

第六，有勇气，有不懈努力地坚持。[1]

学生积极心态的完善，有助于学生铸就坚强意志与高尚人格，有助

---

[1] 林志超.积极心态形成"六有"因素［J］.新班主任，2021（3）：54-56.

于学生应对时代新挑战与新问题，有助于学生提高自身的心理健康水平，有助于学生抵御社会不良风气的负面影响。①

二、敬老爱幼

敬老爱幼，是人的美德。

人之一生，谁也不能免掉这两个时期。"老吾老以及人之老，幼吾幼以及人之幼"，古人在处理人伦关系时，对每个人的家庭角色进行了严格限制："父义、母慈、兄友、弟恭、子孝"，以此"五教"作为个人行为准则。②

敬老的思想是基于亲情而生，并随着生产力发展到一定程度而逐渐强化的社会观念。远古时期自然条件恶劣，在艰苦的环境下进行生产、生活，需要借助老者的智慧，因此，人们对有着丰富生活经验的前辈怀有敬重爱戴之情，形成了尊老敬老传统。

为了文明的代代传递和人口的繁衍发展，远古人类对尚无生活能力和劳动能力的幼儿尽心哺育，由此逐渐形成了爱幼护幼的朴素观念。③"爱幼"包括抚养和教育两个方面。抚养，主要是指从生活上关心子女，使他们茁壮成长。教育，包括智力教育和品德教育。

幼儿和老人都是社会的特殊群体，得到社会的特殊关爱。

---

① 白弘雅，周正.学生积极心态的内涵、重要价值与培养策略［J］.教育科学，2021，37（3）：46–51.

② 葛彬.论传统"母训文化"与家庭美德的"爱幼"教育［J］.江西社会科学，1997（7）：77–81.

③ 陈以凤.敬老爱幼亲情观与先秦丧葬习俗刍议［J］.洛阳理工学院学报（社会科学版），2021（2）：58–63.

如今，敬老爱幼已成为我们社会的好习惯，学生要养成与遵守这个好习惯。

三、勤俭节约

随着祖国越来越强大，综合国力逐渐提升，物质日益丰富，人们的生活水平也越来越好，有些人认为现在生活条件好了，不用那么节俭了，生活中出现的浪费现象比比皆是。

现在物质生活富裕了，就可以大手大脚浪费了吗？就不需要节俭了吗？答案是否定的，因为节俭是永恒的主题。总书记指出，不论我们国家发展到什么水平，不论人民生活改善到什么地步，艰苦奋斗、勤俭节约的思想永远不能丢。

勤俭节约教育主要是让学生充分认识廉洁的重要性，让学生从身边的小事做起，养成勤俭节约的生活好习惯，为学生形成正确的世界观、人生观、价值观打下良好的基础。

"俭"与"廉"，在汉语中意思是相近且相通的。俭朴自励的人，极大可能廉洁自律。只有做到以俭养德，才能用诚诚恳恳、实事求是的生活态度，保持对学习和工作的勤勤勉勉和孜孜不倦。

俭朴是廉洁的基础，是廉洁在日常生活中的体现。因此，教育的重点是为了让学生懂得俭朴对于人格修养的提高具有重要意义，培养勤俭节约的好习惯。

勤俭节约是中华民族的优秀传统美德，历代名士节俭的事例传颂至今。

勤俭节约攸关个人和国家的命运，要大力弘扬，在全社会蔚然成风。

　　所以，要倡导勤俭节约，就从身边事情做起，从自己做起，从现在做起，珍惜每一粒米，每一滴水，每一张纸，每一双筷子，要将"光盘行动"进行到底，不剩饭菜，不浪费，珍惜用纸、节约纸张，减少产生过多的一次性垃圾……大力宣传节约光荣、浪费可耻的观念，努力使厉行节约、反对浪费的风尚继续引领人们奔向更加美好的生活。

四、持之以恒

　　持之以恒，意思是长久坚持下去。古人说："水滴石穿，绳锯木断。"这是先贤总结流传下来的对于坚持的无上赞誉。

　　如果时间是一条单行道，那么，坚持可能就是这条路上最醒目的路标，能让最乏味的日子留下时光最厚重的印记。

　　罗曼·罗兰曾经说过，最可怕的敌人就是没有坚强的信念。坚强的信念、坚定的毅力，能帮助我们成为一个"有志者事竟成"的人。

　　爱因斯坦曾经说，坚持不懈就是天才。

　　荀子《劝学》里有一句耳熟能详的话："不积跬步，无以至千里；不积小流，无以成江海。"依靠日积月累的力量，才能达到"千里"和"江海"的最终成果。这，就是持之以恒的力量。

　　坚持的意义，就在于梦想一定会在路的尽头挥手相迎。

五、充满自信

自信，在心理学中，与其最接近的是班杜拉在社会学习理论中提出的自我效能感的概念，指个体对自身成功应付特定情境的能力的估价。

自信与否，原本是描述人在社会适应中的一种自然心境，即人尝试用自己有限的经验去把握这个陌生世界时的那种忐忑不安的心理过程。

班杜拉认为，在某一情境下，决定自我效能感有四个主要因素：

第一，行为成就。

效能期望主要取决于过去发生了什么。以前的成功导致高的效能期望，而以前的失败导致低的效能期望。

第二，替代经验。

观察他人的成败，可以对自我效能感产生与自己的成败相似的影响，但作用小一些。

第三，言语劝说。

当你尊敬的人强烈认为你有能力成功地应付某一情境时，自我效能感可以提高。

第四，情感唤起。

高水平的唤起可导致人们经历焦虑与紧张，并降低自我效能感。

自信，是个人对自己所做各种准备的感性评估。自信不能停留在想象上，要成为自信者，就要像自信者一样去行动。广义地讲，自信本身就是一种积极性，自信就是在自我评价上的积极态度。狭义地讲，自信是与积极密切相关的事情。没有自信的积极，是软弱的、不彻底的、低能的、低效的积极。自信是发自内心的自我肯定与相信。自信无论在人际交往上、事业上还是在工作上都非常重要。只有自己相信自己，他人才会相信你。

六、守时惜时

高素质的人一定是时间观念强的人；能与时俱进的人一定是惜时的人；诚信的人一定是守时的人；聪明的人一定是会巧用时间的人。

"少壮不努力，老大徒伤悲"，意在提醒青少年要从小勤奋学习，珍惜时间。时间是最平凡也是最珍贵的，金钱买不到它，地位留不住它。时间最有情也最无情，我们无法阻止时间流逝，但却可以利用时间，让瞬间创造永恒。

"任何节约归根到底是时间的节约。"

"浪费别人的时间就等于谋财害命。"

"一寸光阴一寸金，寸金难买寸光阴。"

这些有关珍惜时间的格言，大部分人耳熟能详。但明白并不代表能做得到。因此，从小培养学生的时间观念，做事不拖延、不拖拉，除了能提高办事效率之外，更重要的是学会做人，做一个懂得尊重别人且值得别人尊重的人。

守时的人是懂得自律的人；守时的人是讲究效率、注重质量的人。

制订计划是管理、利用时间的一种具体的措施，计划性强的人，学习与生活更从容、更高效。[①]

---

① 彭穗燕.教学生学会守时、惜时、用时［J］.教育科研论坛，2009（6）：78-79.

七、诚实可信

"君子一言，驷马难追。""一口吐沫一个钉。"这些话人们耳熟能详。它们要求人们诚善于心，言行一致。任何人都不得违背天理，而应"以诚为贵"，严守"童叟无欺"的道德原则。诚实守信既是我国古代传统道德的基本原则，也是我国今天贯彻《公民道德建设实施纲要》的重要内涵。

"诚"的本意是真实无妄或诚实无欺；"信"本指人所说的话及其许下的诺言、誓言、意愿，并常与"忠、诚、坚"连语为"忠信、诚信、坚信"。中华民族自古以来都将"诚信"奉为修身、治家、立业、治国、用人、交友等一条重要的道德原则。人生的主要社会活动是职业活动，而职业活动的道德原则的基本要求即诚实守信。①

2012年3月，学校无人售货的"红领巾道德超市"成立了，首开全省之先河。其成为学校学生的德育课堂和诚信教育的大课堂。交钱找零全凭自觉，每天晚放学由超市管理员进行记账及摆货管理工作，每周进行结算报表，不仅培养了学生诚实守信的良好品质，结余利润还纳入红领巾爱心基金，来资助那些品学兼优的贫困学生、病困学生，同时，还涌现出一批批优秀的道德超市小管理员、核算员、理货员，对学生的思想道德教育工作起到了积极的推动作用。

---

① 邹豪生.诚实守信是立人立国之本 ［J］.邵阳学院学报，2003（6）：17-20.

在这个小小的"红领巾道德超市"里，每一天都在演绎着一个个诚信故事……

那是在一天的课间操时间，五年级（7）班红领巾道德超市的小管理员来反映，道德超市的货物和钱对不上账了，丢了37元钱。据说昨天傍晚放学时，两个小管理员还对过账目，货物和钱款检查过，钱一分不缺。这么短的时间，这些货物怎么可能在教室里悄然消失了呢？道德超市运营以来，从未发生过钱款丢失的现象。

一定是班级里的哪些同学禁不住诱惑，拿走了道德超市里的钱？这是我的第一个想法。随即我和五年级（7）班的班主任谭老师一起展开了调查。通过了解，我发现这个想法是不成立的。据同学们反映，本周本班是值周班，所以下课后都赶紧去值周，班级里剩下的同学只有不到10名，从早上到现在还没有同学去道德超市买过东西，而且通过查看班级监控录像，从早上第一个来的同学，到目前为止，也确实无人靠近道德超市。怎么回事？那些东西怎么可能在教室里不翼而飞了呢？

教室进外人了！我的脑子又冒出了这样一个判断。但我的判断马上又被推翻了。昨天晚上放学后，是班主任谭老师最后一个离开教室的，门窗都由她亲自上锁的。白天没有进来外人的可能性，晚上是不是有可能呢？我随即询问了早晨第一个进教室的小刚，据他反映，教室的门窗没有被打开过，是他拿钥匙开的门。

又调查无果。看着同学们焦灼的神情，我深知，如果不尽快查出实情，他们会人人自危，既怕个人财物丢失，又怕自己被同学和老师怀疑。而且，道德超市设置的初衷就是为了培养同学们的诚信，现在反倒助长了恶习的形成。可是怎么查呢？

没有一丝头绪。难道这些钱化作空气了吗？

　　内外勾结合伙作案，有无可能呢？随即班主任谭老师马上组织本班同学们开一个班会，班会开得非常深刻，无论是谭老师还是同学们都痛哭流涕，都在谴责这种现象。据谭老师反映，她在脑海里把这几十名学生过了一遍，他们都没有这种作案的可能性。几年相处，她对每个孩子都清楚，没有学生有这种毛病啊！况且，道德超市自开办以来，从未发生过丢失现象。

　　正在我和谭老师都犯难的时候，小管理员的一句话提醒了谭老师。对呀！这周班级值周，为了方便，班级的钥匙总是放在一个固定的同学们都知道的地方。难道是哪个学生起早回班级拿走东西又锁门离开了，会是谁呢？……

　　中午吃完饭时，超市小管理员来报告：小刚今天中午吃饭，一反常态，吃得很少，像是有心事似的。他是今天早晨第一个来到教室的。素有"大胃王"之称的他，一向胃口很好。今天怎么了呢？是不是有问题呢？

　　这时，谭老师反映，现在班内学生们私下议论着失窃的种种版本，表明这起失窃案对正常的教学产生了严重影响。但我们不能毫无根据地怀疑任何一位学生，这是教师调查此类案件必须遵循的常识。老师决不能在班里做任何具有特指意义的表态，必须要规避学生对号入座带来的心理负担。我和谭老师商定，班级钥匙要让一个固定的同学管理。亡羊补牢吧！

　　至此，虽然有了怀疑对象，但是还没有任何证据，所以一定不能轻举妄动。这时，我出面去调查肯定不利于事情的处理。我和谭老师商量，由她出面，询问一下：小刚今天中午为什么吃得那么少，是不是哪里不舒服？谭老师说，在谈话的过程中，小刚几次欲言又止，后来终于在要离开办公室的时候，转身回来说出了除了咱班同学知道钥匙的地方，还有一个人也知道，那就是他最好的朋友，六年级（8）班的小军。原来，小军和小刚是好朋友，两人家住得近，经常在一起玩。在道德超市失窃的前一天晚上，他俩在一起玩，小刚告诉小军，小刚向同学借了一本很好看的漫画书，可是下课时间太短，没看完，又不敢拿回家看，怕妈妈生气，说小刚又看闲书。小军告诉他，这本书小军早就听说了，想看好长时间了，想早点到校借来看看，于是，小刚便告诉了小军班级钥匙的位置，让小军去自己书桌里去取，而且下第一节课后小军就把书还给了小刚，小刚也不知道钱会不会是小军拿的。小刚不想出卖朋友，又不想撒谎，于是，才有了今天中午吃不下饭的情况。

通过谈话，没有发现小刚有任何可疑情况，小刚说的肯定是实话。现在已经有了较为明确的怀疑对象，但又没有任何证据指向是小军拿的钱。怎么办呢？那么早的时间，校园监控录像还没有开启呢！肯定查不到。

于是，我想应该让小军的班主任杨老师出面，以了解孩子学习情况为由，给家长打个电话，看看会不会有什么进展。想不到，一个电话就让我们有了重大发现。原来，小军的妈妈说这两天晚上写完作业，小军都会躲在屋里看书，说是向同学借的，她很奇怪，儿子怎么突然爱上了看书，以前可是一写完作业就往外跑的，可是又一想，肯定是儿子长大了，尽管是漫画书，但爱看书也是个好习惯。接下来，杨老师又侧面调查了一下班级同学，看有没有人借书给他，这一调查，事情就有了眉目，有同学告诉杨老师，小军说那本漫画书是自己买的。那小军哪来的钱呢？杨老师和小军妈妈再一次的电话沟通，就水落石出了。

又过了一天，小军独自一人来到了我的办公室，手里拿着一封信。我的眼睛告诉我，他已经认识到了自己的错误。

我们的谈话很轻松。我虽然不是他的班主任，但他班的几次活动让他脱颖而出，我在班级没少夸过他表现好，我没有把话题指向失窃事件，只是从关心的角度对他的成长和学习提出了新的要求，并保证我俩的谈话内容绝对保密。他走后，我把信打开，里面放着补上的37元和一封信。信的内容是：

老师好：

我是个坏孩子，是一个小偷，你一定这么认为吧！我很喜欢这本书，一直梦想着买一本，可是，妈妈自己一个人每天工作好辛苦，我真不忍心向她开口要钱。所以我就萌生了这个可耻的念头……

老师，我现在好后悔，对自己的行为感到不齿，如果让同学们知道了，我……

原谅我吧！

你的坏学生

事情已经再也明白不过了，因为喜欢，又心疼妈妈，怕给妈妈带来多余的经济负担，便有了这个想法。作为老师，可能对他的行为感到愤怒，甚至憎恨，可他还是个孩子啊！

我和两位班主任有了这样的约定：把小军这次的犯错烂在肚子里。

从上述案例中，我们有所感悟和触动。

第一，班中失窃是学校经常出现的，尤其是在新的班级建立之初。班主任面对此类问题，不能盲目下定论，凡定论务必要有证据。

如五年级（7）班的小刚一度被列为怀疑对象。如果班主任在班里有所指，小刚兴许就成了"窦娥"。我们面对的绝不是罪大恶极的惯犯，而是自己一手教育而成的学生，他们的错误可以理解为我们的失误，或教育的缺失。从这个角度讲，发现问题应及时做到自查自纠。如果不把钥匙放在公开的地方，那么就不会使小军产生这样的念头。

第二，育人的目的和手段要符合教育原则，避免为教育而惩罚。

在事情解决后，在五年级（7）班的班会上，我让孩子们回忆一下：自己是不是写作业时，也有过因为一时着急而拿过同学的铅笔和橡皮借用的呢？现在有个同学因为一时急用，才借用了一下道德超市的钱，现在他已经主动归还了，并且承认错误了，我们大家是不是也应该原谅他呢？孩子们都笑了。这种善意的包容是一种感化，一种爱的力量。试想，如果真的在全班甚至全校公开批评的话，哪怕只是不点名地批评，也会给小军的一生带来挥之不去的阴影。

第三，不要盲目相信自己的眼睛和判断。

其实从调查那刻起，学生们就相信自己的眼睛，认为门窗都是完好的。其次我也相信了学生的反馈，小管理员报告小刚的举动，又差一点儿让我把方向偏离。自己的主观判断往往会蒙蔽我们的眼睛，听来的信息往往不全面、不真实。调查中，那天小刚为什么第一个到校？为什么事后又吃不下饭？如果不深入调查，一味相信自己的眼睛和判断，那必然将是另一个结局。

八、不添麻烦

麻烦，一指费事，烦琐；二指烦扰，打扰；三指事故、问题；四指难以对付。一般而言，添麻烦的意思是给人带来麻烦。

一个有教养的人，从不随意给人添麻烦。列夫·托尔斯泰说，自己能做的事，不要去麻烦别人。

有一个流传甚广的小故事。有一天，总统问秘书："我不太明白，为什么英国很多阶层的男士都可以叫绅士？官员可以，律师可以，医生可以，甚至无业的人也可以。那绅士到底是什么意思呢？"于是秘书花了两个多小时去调查了解，回来汇报："给您查到了，绅士就是不给别人添麻烦的人。"

做人，就要学会站在别人的角度考虑问题，体谅他人的难处，尽量做自己欢喜也给别人带来欢喜的事，不给别人添麻烦。让别人不快，让别人担心，让别人操心，都属于给人添麻烦的范畴。

如果每个人都高度自律，替他人着想，不给他人添麻烦，那么这个社会一定是文明健康的。

九、善待他人

在生活中，我们常会遇到一些令自己头疼、难以接受的人。其实，你大可不必为此而烦恼。每个人都有这样或那样的缺点，或许就是这些地方而令人难以接受，然而，"人无完人"嘛。

你不妨换个角度去看待他们。不论他们多么令人厌恶，他们总有可爱的一面、可欣赏的一面，总有可敬的一面，总有善良的一面。

你不妨静下来想一想，或许，你已经改变了对他们的看法，哪怕是一点点儿。

善待他人，从善待身边的人开始，认识的、不认识的，熟悉的、陌生的，有过结的、莫逆之交的。

善待他人，从真诚的微笑开始，对身边的每一个人善意地微笑，你将得到每一个人的微笑。

生活在微笑中的你，一定是幸福的，充满阳光的。

善待他人，其实，就是善待自己。①

---

① 蒋瑞东.善待他人［J］.校园心理，2005（8）：1.

第八章　九个礼貌好习惯

什么是礼貌？如何表达礼貌？有专家提出了礼貌原则。他们认为礼貌是人类共存的基本条件之一。每个人都有面子，包括积极面子和消极面子。积极面子是指被别人认同的，消极面子是自身利益不被别人侵犯。因为维护面子而产生的话语行为就是礼貌行为。选择礼貌策略而涉及的因素有亲疏关系、听话人相对说话人的权利、特定文化所界定的强加或干涉程度。礼貌准则包括得体准则、慷慨准则、赞扬准则、谦逊准则、赞同准则、同情准则。礼貌与文化密切相关，某一种文化中的礼貌不一定是另一种文化中的礼貌，中国人的礼貌原则就包括自谦准则、称谓准则、慷慨准则、得体准则。

简单来说，礼貌是人类为维系社会正常生活而要求人们共同遵守的基本的道德规范，它是人们在长期共同生活和相互交往中逐渐形成，并且以传统、风俗和习惯等方式固定下来。礼貌可以帮人们在日常生活中解决很多的问题。

一、进入他人房间要敲门

在日常工作生活中，有事去敲别人的门或回家敲门，都是寻常不过的事。正因为寻常，所以敲门的礼仪常常被人忽视。

古代有一个"推敲"的典故，说"僧推月下门"好还是"僧敲月下门"好，说明古人对于"敲门"是很讲究的。现代社会崇尚礼仪，敲门这种属于礼貌行为的事，更不能忽视。

敲门，究竟应该怎样敲？

一是要轻敲。重敲不仅显得鲁莽，还显得对别人不尊重。

二是敲两三下要停顿一会儿，看有无人应声或开门，不行再敲，但不要一个劲儿敲个不停。

三是倘若门里一直无回应，可问一声："请问有人在吗？"

四是如果房门虚掩或敞开的，也不要直接冲进去，应当先敲几下房门，待主人允许后才能进去。

五是倘若房门装有门铃，按门铃时不要按住不放。

总之，敲门进屋，首先应该想到礼貌。

二、与人交流要礼貌用语

与人交流过程中，言谈要合乎礼仪，重要的是言语及谈话时的动作、表情要讲究文明礼貌。

一些谈话场合，喋喋不休不行，一言不发也不行；交谈时，不痛不痒不行，尖酸刻薄也不行；既不能吞吞吐吐、遮遮掩掩，又不能无所顾忌，过于放肆；既不能拿腔拿调，又不能没轻没重。

做到文明礼貌，就是既要注意谈话内容，又要讲究谈话方式；既要注意言谈本身的问题，又要注意伴随言谈的表情动作。

礼貌用语十个字："您好！""请！""对不起！""谢谢！""再见！"

见面语："早上好！""下午好！""晚上好！""您好！""很高兴认识您！""请多指教！""请多关照！"等等。

感谢语："谢谢！""劳驾了！""让您费心了！""实在过意不去！""拜托了！""麻烦您！""感谢您的帮助！"等等。

打扰对方或向对方致歉时："对不起！""请原谅！""很抱歉！""请稍等！""请多包涵！"等等。

接受对方致谢或致歉时："别客气！""不用谢！""没关系！""请不要放在心上！"等等。

告别语："再见！""欢迎再来！""祝您一路顺风！""请再来！"等等。

三、接递长辈物品要双手

递接物品是日常生活、工作中常见的举止动作，但一些小动作往往能给人留下难忘的印象。

递接物品的基本原则是尊重他人。

那么，应该怎么递接物品才符合日常礼仪呢？

总的原则是："递物时，双手呈；接平稳，手再松；接人物，双手迎；表感谢，把礼行。"双手递物或接物可以体现出对对方的尊重。如果在特定场合下或东西太小不必用双手时，一般用右手递接物品。

学生把作业交给老师时，应该将作业的正面朝上，用双手递上。接过老师递给自己的作业时，同样要用双手，并对老师说声"谢谢"。

递笔、刀、剪之类尖利的物品时，需将尖端朝向自己握在手中，而不要指向对方。

如果是招待客人用茶时，往往一手握茶杯把儿或扶杯壁，一手托杯底，并说声"请用茶"。若茶水较烫，可将茶杯放到客人面前的茶几上。如果接主人敬上的茶，应站起身伸出双手，说"谢谢"。

四、坐有坐相，站有站相

中华民族礼仪要求中，"站有站相，坐有坐相"是对一个人行为举止的基本要求。

"站有站相"：站立是人们生活、工作及交往中的基本举止之一。正确的站姿是：站得端正、稳重、自然、亲切。做到上身正直，头正目平，面带微笑，微收下颌，肩平挺胸，直腰收腹，两臂自然下垂，两腿相靠直立，两脚靠拢，脚尖呈"V"字形。如果站立过久，可以将左脚或右脚交替后撤一步，但上身仍须挺直，伸出的脚不可伸得太远，双腿不可叉开过大，变换也不能过于频繁。站立时，如有全身不够端正、双脚叉开过大、双脚随意乱动、无精打采、自由散漫的姿势，都会被看作不雅或失礼。

"坐有坐相"：坐姿包括就座的姿势和坐定的姿势。入座时要轻而缓，走到座位面前转身，轻稳地坐下，不应发出嘈杂的声音。坐下后，上身保持挺直，头部端正，目光平视前方或交谈对象。腰背稍靠椅背，在正式场合，或有长者或尊者在座，自己就不能坐满座位，一般只占座位的2/3。两手掌心向下，叠放在两腿之上，两腿自然弯曲，小腿与地面基本垂直，两脚平落地面，两膝间的距离，男子以松开一拳或二拳为宜，女子则不松开为好。非正式场合，允许坐定后双腿叠放或斜放，交叉叠放时，力求做到膝部以上并拢。

补充说明一下："站如松、坐如钟、行如风、卧如弓"，系汉语谚语，原指道家的修炼功法，后用来表现在日常生活中，善于养生、很有修养的样子。

"站如松"，说的是站桩的要求，尤其是在道家的修炼功法中，立地有根基、挺拔、不动摇。

"坐如钟"，指在打坐中的状态，像钟一样，身体保持正直，坐着脊柱好像都感觉不到了，身体内似乎都空了，而全身还是松而不懈的状态。

"行如风"，指正道直行，目不斜视，虎虎生风。

"卧如弓"，指睡觉的时候像弓一样的侧卧，身体放松。

作为中小学学生，能做到"站有站相，坐有坐相"即可；"站如松、坐如钟、行如风、卧如弓"，则是对一些成年人的要求了。

五、招待客人时要有礼貌

有客人来访，如果是事先约定的，就应做好迎客的各种准备。如整理一下个人仪表仪容，打扫一下居室卫生，准备好招待客人用的茶具、烟具以及水果、点心，等等。

如果客人不告而至，主人也应尽快整理一下房间、客厅，并对客人表示歉意。

上茶时，一般应用双手：一手执杯柄，一手托杯底。

与客人交谈时，如果家人不便参与，则应尽量回避，如无条件回避，就不要随便插话。交谈时，应专心致志，不要东张西望、心不在焉，或者频频看表，更不可将客人撇在一边，只顾自己。

"宾至如归"，招待客人要使客人感觉就像回到自己的家里一样，体现的是我国传统的"有朋自远方来，不亦乐乎"的文明待客之道。文明待客之道，既要热情有礼，又要提供便利；既要内提素质，又要外树形象。

六、不乱翻阅别人的东西

翻看东西，是儿童时期的一种习惯，是一种好奇心。对儿童来说，这是一个特点，不是一个缺点，但需要父母以及教师及时纠正和引导，否则儿童随手翻惯了别人的东西，就养成了一种不好的习惯。

每个人对于自己的物品都是有权利的，别人想用或是想看，都需要经过相关权利人的同意。任何时候，在未经物主同意的情况下，所进行的翻阅都是不礼貌的行为。这种行为看似微不足道，但是久而久之，就会导致其自我约束力下降，"胆子"越来越大，最终有可能走上犯罪的道路。

有这样一个故事：

古时候有一对夫妻，他们有一个可爱伶俐的小孩，这小孩刚会走路时候一次拿了一个货郎担的一根针，回家后母亲居然对他表扬了一番。后来长得更大了，就开始偷人家的玉米等农作物，母亲知道后没有制止。再后来偷其他的贵重东西，父母知道后也没有制止。他长大了，偷了很多牛马和金银珠宝，终于被官府抓到了，由于偷得太多，要秋后问斩。临斩前，他说有一个要求，监斩官问是什么要求，他说："再吃一次母亲的奶。"刚好母亲在给他送行，于是就满足了他的要求，岂料他竟一口咬掉了母亲的乳头，说："我小的时候偷东西母亲没有制止过，所以现在非常恨您。"母亲伤心和疼痛过度，不久也去世了。

这就是"小时偷针，大时偷金"的故事。小小的坏习惯，最终导致犯罪送命，岂不悲哉！作为父母、教师，足以深思。

七、不随便打断别人的话

会说话是修养，管住嘴是教养。轻易打断别人说话，是一种不礼貌的行为。

不要随便打断别人说话。如果和对方的意见不一样，需要先对对方的意思表示理解，然后说清自己的想法，否则会引起对方的反感。

英国诗人本·琼森讲过："语言，最能暴露一个人。只要你说话，我就能了解你。"会说话，能显示一个人的修养；而管住嘴，更能体现一个人的教养。

正所谓："雄辩是银，倾听是金。"歌德曾言："对别人述说自己，这是一种天性；认真对待别人向你叙说他自己的事，这是一种教养。"

人与人之间最珍贵的关系，莫过于相处舒服。而相处舒服最基本的要求，就是不随意打断别人说话，不让人难堪。懂得在适当时候，管住自己嘴的人，往往更受人尊重和欢迎。

不打断别人说话，这是人与人相处之间的基本礼貌。《礼记·曲礼上》有这么一句话："侍坐于先生，先生问焉，终则对。"意思是说，侍奉先生，如果先生问话，一定要等先生问完，才去回答。与人相处交流，要懂得尊重对方，不要随意打断对方的话；倾听别人的话后，应当认真思索，仔细斟酌，再去分享自己的看法。这是对别人的尊重，也是对自己的尊重。

八、公共场所不大声喧哗

公共场所是供公众从事社会生活的各种场所的总称。在公共场所不大声喧哗，是个人文明素质的体现。只要是公共场所，都需要保持安静。

公共场所大声聊天、打电话，放开音量看视频、听音乐……无所顾忌的不文明行为让人反感。

图书馆里，标语告诉您："请勿大声喧哗！"

公交车上，经常提醒您："不大声喧哗！"

地铁上，不断提示您："不要在车站或者车厢内大声喧哗！"

2018年4月21日下午，省直某单位的赵女士从北京返石家庄，打算休息一会儿。没承想，旁边座位上的一位年轻男子一上车就开始大声打电话。内容絮絮叨叨，从他的妈妈和女朋友的"塑料花"感情，到二大爷家的鸡毛蒜皮，再到他们宿舍的老大……

20多分钟过去了，周围人一脸厌烦。"小伙子，你打电话小点儿声！"赵女士忍不住提醒他。年轻男子这才压低声音，说了几句，挂断电话。

赵女士感叹："自己私密的事情，为什么不私下聊？在公共场所起码要考虑下别人的感受，太不自觉了。"

在现实生活中，在公共场所，有的人毫无顾忌地大声喧哗，干扰他人，已成为一种社会公害。因此，有的地方广泛征求公众意见和建议，拟将"在公共场所大声喧哗"列为予以禁止的15种不文明行为之一，并明确规定，在公共场所制造噪声干扰他人正常生活的，处200元以上500元以下罚款。

大声喧哗会构成一定程度的噪声污染，侵犯到了别人的空间。

大声喧哗不仅影响他人，更重要的是会减损自身的形象。

公共场所不喧哗，轻声细语见文明。

九、见到熟人主动打招呼

打招呼看似是小事，其实很复杂。

在外面遇到熟人要主动打招呼，因为如果你不打招呼，可能会让对方感觉失落，这么做是不礼貌的。寒暄和温暖的微笑能使人敞开心扉，没有人被别人忽视了还感觉心情愉快。

生活就像一面镜子，你对他笑，他也会对你笑，打招呼也是一样，可能对方一开始也是想跟你打招呼的，但是看你好像不冷不热，可能会误以为你不太喜欢他，久而久之对方也就不太想打招呼了。

俗话说："良言一句三冬暖，恶语伤人六月寒。"招呼用语表示的是打招呼人与被打招呼人之间的一种交往关系。如果遇到熟人不打招呼或者别人给你打招呼你装作没听见，都是不礼貌行为。

打个招呼发生在瞬间，但却影响久远。下面分析三种招呼用语：

第一，"吃饭了没有？"这是我国历史上沿用比较长、比较普遍的招呼语。"民以食为天"，在我国漫长的封建社会中，大多数劳动者求的就是能够吃饱肚子。因此，问对方有没有吃饭，便是对对方的一种关心。

第二，"身体好啊。"借身体健康来关心对方。

第三，"天气不错啊。"借天气状况来打招呼。

同学们常见的打招呼用语，分直接式和间接式两种：

直接式问候，就是直接以问好作为问候的主要内容。它适用于正式的交往场合，常常就是前文所说的一些礼貌用语。如："您好！""大家好！""早上好！"等等。

间接式问候，就是以某些约定俗成的问候语，或者在当时条件下可以引起的话题，主要适用于非正式场合的交往。如："好久不见。""最近过得怎样？""忙什么呢？""您去哪里？"等等，来替代直接式问好。

第九章 九个卫生好习惯

"卫生"，指讲究清洁，预防疾病，有益于健康。"卫"即"保卫"，"生"即"生命"或"身体"，组合成词，本意即为"维护生命"或"保护身体"，引申为"维护生命或保护身体所采取的一切措施"，包括预防和治疗疾病、维护和增进健康所采取的一切措施，进一步引申为"干净""清洁"。

一、饭前便后要洗手

手是人体的"外交器官"，人们的一切"外事活动"，它都"一马当先"，比如从事各种户外劳动，倒垃圾、刷痰盂、洗脚、穿鞋，等等，都要用手来完成。因此，手容易沾染许多病原微生物。

科学家做过这样一个调查：一只没有洗过的手，含有 4 万—40 万个细菌。指甲缝更是细菌藏身的好地方，一个指甲缝里可藏细菌 38 亿之多。如果饭前便后不洗手，就会把细菌带入口中，吃到肚里，这就是人们常说的"菌从手来，病从口入"。

所以，要养成好习惯：勤剪指甲，饭前便后勤洗手，劳动后要洗手。

洗手可去除黏附在手上的细菌和虫卵。用流水洗手，可洗去手上 80% 的细菌；如果用肥皂洗，再用流水冲，可洗去手上 99% 的细菌。

医务人员进行操作前，用"七步洗手法"清洁自己的手，清除手部污物和细菌，预防接触感染，减少传染病的传播。"七步洗手法"是指：

第一步（内）：洗手掌，流水湿润双手，涂抹洗手液（或肥皂），掌心相对，手指并拢相互揉搓。

第二步（外）：洗背侧指缝，手心对手背沿指缝相互揉搓，双手交换进行。

第三步（夹）：洗掌侧指缝，掌心相对，双手交叉沿指缝相互揉搓。

第四步（弓）：洗指背，弯曲各手指关节，半握拳把指背放在另一手掌心旋转揉搓，双手交换进行。

第五步（大）：洗拇指，一手握另一手大拇指旋转揉搓，双手交换进行。

第六步（立）：洗指尖，弯曲各手指关节，把指尖合拢在另一手掌心旋转揉搓，双手交换进行。

第七步（腕）：洗手腕、手臂，揉搓手腕、手臂，双手交换进行。

为预防传染性疾病，群众洗手需要按照"六步法"：

第一步：双手手心相互搓洗（双手合十搓五下）。

第二步：双手交叉搓洗手指缝（手心对手背，双手交叉相叠，左右手交换各搓洗五下）。

第三步：手心对手心搓洗手指缝（手心相对十指交错，搓洗五下）。

第四步：指尖搓洗手心，左右手相同（指尖放于手心相互搓洗）。

第五步：一只手握住另一只手的拇指搓洗，左右手相同。

第六步：指尖摩擦掌心或一只手握住另一只手的手腕转动搓洗，左右手相同。

中小学生在日常生活中，坚持饭前便后要洗手，注意事项：

第一，指尖指缝、手心手背都要搓搓，不要一冲了之。

第二，可以使用洗手液。

第三，不能几人同用一盆水，以免交叉感染，互相传播疾病。

第四，洗手时间应超过15秒。

二、发现手脏及时洗

前面说"饭前便后要洗手"，其实，一旦发现手脏，就要立即洗手，从而减少细菌传播，形成爱卫生、讲卫生的好习惯。

勤洗手可预防疾病。有些人手脏了，还要揉眼睛、抠鼻子，这些动作可能使病菌乘虚而入。

学生平时的科学的洗手方法及过程如下：

第一，湿润双手，将手上涂香皂或洗手液。

第二，双手掌心对掌心相互揉搓。

第三，两手手指交错，掌心对手背揉搓，并交换双手。

第四，掌心相对，双手手指交叉，沿着手指的指缝相互揉搓。

第五，两只手相互握住，一手手掌大拇指揉搓另一只手的指背，并交换双手。

第六，一只手握拳将另一只手的大拇指握住，并旋转揉搓，交换双手。

第七，一只手的手指并齐，在另一只手掌心中揉搓，交换双手。

三、早晚都要把牙刷

刷牙是使用牙刷去除牙菌斑、软垢和食物残渣，保持口腔清洁的重要自我口腔保健方法；也是人们自我清除菌斑，预防牙周病发生、发展和复发的最主要手段。

研究表明，每天早晚各采用正确的刷牙法进行口腔卫生维护，可以有效减缓牙齿表面菌斑堆积。正确的操作分七个步骤：

第一步：手持牙刷将刷头置于牙颈部，刷毛与牙长轴呈45度角，刷毛指向牙根方向，轻微加压。

第二步：以2～3颗牙为1组，水平颤动牙刷4～6次，然后将牙刷向牙冠方向转动。

第三步：将牙刷移至下一组2～3颗的位置，重新放置。

第四步：刷上前牙舌面时，刷头竖放在牙面上，上下提拉颤动。

第五步：刷舌面采用拂刷方法，保持动作连贯。

第六步：刷咬合面时，刷毛指向咬合面，前后来回刷。

第七步：保证每个牙面都有足够的拂刷时间。每次刷牙不少于3分钟。

当下越来越多的人选择使用电动牙刷，因为其高效、简单、易于使用。但是为了达到理想的清洁效率，仍需要掌握电动牙刷的正确使用姿势。不同技术的电动牙刷，在使用时，方法不尽相同。不同品牌、型号电动牙刷的使用，请具体参考其使用说明书。

四、每日洗脚洗袜子

人走路或运动或劳动的时候，脚上常常沾有好多灰尘和细菌，加上人经常出脚汗，脚汗里面的东西和灰尘混在一起，细菌就会在里面生长繁殖，产生难闻的气味。勤洗脚能够使精神振奋，心情舒畅，还可预防各种皮肤病。

脚容易出汗的人，日常生活需要注意：

第一，每天睡觉之前都要坚持洗脚。

第二，穿通风、透气的棉质袜，每天更换清洗。

第三，避免穿胶鞋或不透气的球鞋，最好要有两双鞋换穿，凉鞋是最好的选择。

第四，不与他人共穿鞋及袜子。

第五，脚底、趾间痒尽量不要用手抓，防传染于手指。

"每日洗脚"最方便，也最有效：

第一，夏天坚持用温水洗脚，可以多洗几次。

第二，冬天用热水洗脚，能促进局部和全身血液循环。

第三，劳动过后，用热水烫脚，可促进血液循环，消除疲劳，防止肢体麻木。

第四，睡前洗脚，对中枢神经系统产生一种良好而温和的刺激，促进大脑皮层进入抑制状态，非常有利于睡眠。

袜子要脱下来经常换，但是清洗也一定要到位！不然同样还是会让脚生病。

袜子脱下来后最好立马清洗，就算不洗最好也要用肥皂水或者洗衣液水泡着，这样袜子上的脏东西比较容易被清洗下来，不会轻易粘在袜子上洗不下来。

袜子最好单独清洗，尤其不要和内衣内裤一起洗，因为袜子上的真菌很容易转移到内衣内裤上，形成交叉感染。

袜子正反两面都要清洗。有些人袜子脱下来是什么样，就怎么清洗，只洗一面，这样袜子很容易洗不干净。

袜子洗完之后，用热水泡上三分钟。细菌不是那么容易杀死的，用热水浸泡三分钟，可以杀死百分之八十的细菌，所以可以很好地清洗袜子。

五、常换衣服常洗澡

衣服对外起防止灰尘、细菌侵入身体，对内吸附身体排出的脏物、废水、废气的作用，是一道隔绝体内外的屏障，因此特别容易脏污。一件穿一天的衣服上面，可以沾染几十万个细菌，还有灰尘和一些其他有害物质。因此一定要勤洗勤换，保持干净。

洗涤衣服时，要特别注意最易污染而又容易忽视的地方，如衣裤兜是放置钱币、手绢、杂物的地方，又不易见到阳光和通风，因此各种细菌非常之多，而洗衣服时容易忽视。另外，洗衣服时要注意防止被毒虫爬过及洒上分泌物质。

新买的内衣一定要先洗后穿。因衣服在制作过程中经过多人之手，还要使用多种化学添加剂制成的树脂、浆糊等物质，以增加其硬度；为了便于保管还要放一些防霉消毒剂，这些物质对人的皮肤也有刺激作用，尤其对皮肤过敏的人，刺激作用更为明显。

洗澡，能清除汗垢油污、消除疲劳、舒筋活血、改善睡眠、提高皮肤新陈代谢功能和抗病力。而且通过温水的浸泡，能够治疗某些疾病。热水澡水温不宜太高，一般以35～40℃的温水为宜。

当然，洗澡的次数不宜过多，因为次数太多，会把皮肤表面正常分泌的油脂及正常寄生在皮肤表面的保护性菌群全部洗掉，反倒容易引起皮肤瘙痒等症状，皮肤的抵抗力也会因此而减弱，反而容易得病。

夏季人体分泌旺盛，出汗较多，每天应用温水冲洗一次。而春、秋、冬季天气不热，洗澡的次数可因人而异。身体较胖和皮脂腺分泌旺盛者，可适当增加洗澡次数。

六、用具衣物勤整理

学会收拾整理物品，是孩子自理能力中的良好习惯之一。

在当今中国多为独生子女的家庭现状下，孩子在家庭中是处于绝对地位的，全家都围绕孩子这个中心轴在转，导致有的孩子养成了"衣来伸手，饭来张口"的依赖习惯，力所能及的事情都不会做了。

哈佛大学心理学家曾追踪一组青少年数十年，发现童年时期较多参与家务的孩子，日后人际关系更好，心态比较乐观，成年后获得高薪工作机会的可能性高四倍，失业可能性则少了十五倍。这给我们诸多启发。

孩子是家长的影子，孩子没有养成做事有条有理的好习惯，往往与父母家长的养成教育密切相关。很多家长自己一回到家，鞋子乱放，衣服乱丢，东西乱摆……这样的家庭环境家庭氛围，生活一团糟，孩子怎么能不乱成一团呢？"言传身教"，邋遢的家长会影响到孩子的成长。

用具衣物的整理，首先就是要"各归其位"，放回本来的位置上。其次，有一些小技巧可供参考：

第一，衬衫整理：一件件折叠成一样的大小，以领口为准整理好后一件件排列起来。这样，一打开抽屉，就能清楚地看见每件衣服，不但选衣服时方便，领口也不会弄坏变形，非常好整理。

第二，将T恤衫整理：袖子往内折，再从下往上卷成圆筒状。这样除了模样整洁之外，收放也方便。配合抽屉的高度放入适宜的篮子，再将圆筒状的T恤恤衫一一放入篮中，简单又方便。

第三，褶裙、麻质的衬衫整理：很容易皱。如果要将其收放入抽屉，可先将它们折放在较低的托盘上，这样可防止因重叠而造成衣服的损伤。也可以买专门用来装衬衫的盒子，一件一件排列整齐，还可防止衣服变形。

第四，床下储物箱：可以放冬季大件衣物以及被子。换季的时候，注意打扫，以防灰尘过多。

第五，简版衣架：挂穿了一天又不用洗的衣服。

第六，站立挂衣架：挂冬季无处可藏的厚重外衣。客人的外衣，也能体面对待，而不是让人家随手扔在床上或沙发上。

第七，苗条搁架：放在衣柜里被压扁的各种包包。安装在门后或者衣柜旁边，包包各有各的位置，选择搭配的时候也更容易。

第八，抽屉内分隔单元：让五斗橱不再乱如麻。购买几个软质的抽屉内部储物格，各类物品分开放，抽屉空间一下子被扩容了。柔软的质地，边沿可以随意折叠，不要担心买回家不合适抽屉的高度。用过一段时间，还能直接水洗。

第九，小挂钩：无论衣柜是否安装门板，都可以使用专门的挂钩。没有门的固定在层板上，有门的款式直接安装在门板上。把第二天准备穿的衣服事先搭配好，挂出来，就不用早上手忙脚乱了。

七、不要随地乱吐痰

痰是呼吸道的分泌物，健康人一般是没有痰的。但如果患有呼吸系统疾病，受致病微生物感染后会产生大量的痰液。病人吐出的痰，相当于细菌"培养基"，一口痰中会存有成千上万的病菌。通过痰液可能传播的疾病有传染性非典型肺炎、肺结核、流行性感冒、霍乱、荨麻疹等。

随地吐痰是一种不文明的行为，会破坏公共环境卫生。痰液里有大量病菌，随地吐痰会传播疾病。

世界上很多地区把随地吐痰列为非法行为，有的地方即使是直接将痰吐在垃圾桶内或马路上的下水道皆为犯法。在我国上海、香港等城市，在公共场所随地吐痰会判罚款；新农村建设中，对随地吐痰也要求杜绝。随地吐痰与随地大小便同样令人讨厌。

不要随地吐痰，但也不要把痰咽进肚子里去。专家建议，市民及游客如要吐痰，须先将痰吐在纸巾上，再包好扔进垃圾桶内。

八、不随地乱扔垃圾

不乱扔垃圾是社会生活的一项公共规则，是社会生活中千千万万公共规则之一。

乱扔垃圾会给环境带来了严重的污染以及传播疾病，对人们的健康危害极大。因为，有些垃圾不易溶解，所以对环境的危害也很多，土壤的酸碱性浓度应该会增高的，对树木生长有很大的危害。而且垃圾随意堆放，占用土地。垃圾随意堆放，还会带来苍蝇蚊子等，会引起疾病传播。

垃圾分类，一般是指按一定规定或标准将垃圾分类储存、分类投放和分类搬运，从而转变成公共资源的一系列活动的总称。分类的目的是提高垃圾的资源价值和经济价值，力争物尽其用。

现在将生活垃圾分为四大类：

第一，可回收垃圾。主要包括废纸、塑料、玻璃、金属、布料五大类。

废纸：主要包括报纸、期刊、图书、各种包装纸、办公用纸、广告纸、纸盒等等，但是要注意纸巾和厕所纸由于水溶性太强不可回收。

塑料：主要包括各种塑料袋、塑料包装物、一次性塑料餐盒和餐具、牙刷、杯子、矿泉水瓶等。

玻璃：主要包括各种玻璃瓶、碎玻璃片、镜子、灯泡、暖瓶等。

金属物：主要包括易拉罐、罐头盒、牙膏皮等。

布料：主要包括废弃衣服、桌布、洗脸巾、书包、鞋等。通过综合处理回收利用，可以减少污染，节省资源。

第二，厨余垃圾。包括剩菜剩饭、骨头、菜根菜叶等食品类废物。经生物技术就地处理堆肥，每吨可生产0.3吨有机肥料。

第三，有害垃圾。包括废电池、废日光灯管、废水银温度计、过期药品等。这些垃圾需要特殊安全处理。

第四，其他垃圾。包括除上述几类垃圾之外的砖瓦陶瓷、渣土、卫生间废纸等难以回收的废弃物，采取卫生填埋可有效减少对地下水、地表水、土壤及空气的污染。

生活垃圾分类要求分类投放、分类收集、分类运输、分类处理。为帮助大家更好地进行垃圾分类，各种垃圾分类的顺口溜也随之出现，如：

干湿要分开，能卖拿去卖，有害单独放。

绿厨厨，黄其其，红危危，蓝宝宝。

可回收，丢蓝色，有害垃圾丢红色。

厨余垃圾是绿色，其它垃圾用灰色。

垃圾多，危害大，分类摆放人人夸。

餐厨垃圾单独放，有害垃圾，别乱抛。

乱丢垃圾危害大，干干净净利大家。

九、不随意席地而坐

"席地而坐"是人们熟知的成语，它源于中国古代的生活习俗。"席地"指把席子铺在地上。原指古人铺席于地，坐在席上。现泛指坐在地上。

据史籍记载，古时由于器用不备，在地上铺一张席子，人皆坐在席上，以保持清洁。古代"席地而坐"的风俗持续了很多年，成为人们重要的起居方式。魏晋南北朝时，椅子、折凳等坐具陆续传入我国，从此中国人的生活方式才由双腿盘坐在地上而变成坐在椅子上，至隋、唐时代，席地而坐与垂足而坐两种生活习惯已经同时并存。透过现存的绘画可发现，宋、元时期垂足坐的椅、木凳及高型桌、台、案等家具已大量存在，而传统床榻等席地而坐的家具，其坐面与地面的距离亦已升高。可见，供垂足而坐的家具已稳固地占据宋、元家具的主导地位。

时代在发展，生活在变化。如今，人们早已不随意席地而坐了。

一般而言，在现代社会中，席地而坐有两个不好的影响：

第一，行为习惯上的不礼貌，所呈现出的是这个人自我约束缺乏，具有随意性。

第二，从所坐的环境来看，容易因卫生条件而导致细菌等侵入身体。

第十章　九个饮食好习惯

古人说:"民以食为天。"

又说:"一粥一饭,当思来处不易;半丝半缕,恒念物力维艰。"

饮食是一种文化,是物质文化和社会风俗各部分中最能反映民族和地区特色的一个组成部分。我国的饮食文化源远流长。中小学生需要养成良好的饮食习惯。

一、爱惜粮食

珍惜粮食是中华民族的传统美德，很早就有"粒粒皆辛苦"的诗句传颂。尽管如此，在日常生活中，我们仍然可以看到浪费粮食的现象存在。节约粮食是我们每个公民应尽的义务，而不是说你的生活好了，你浪费得起就可以浪费。

我国人口众多，已达十四亿。我国的耕地面积大约占世界耕地面积的百分之七，却养活着大约占世界百分之二十二的人口。这么多人吃饭的问题，是我国第一个大问题。这么多人节约的粮食，也是可观的一个数字。

如何爱惜粮食？其实做起来很简单：

第一，吃饭时，吃多少盛多少，不剩饭菜。

第二，在餐馆用餐时，点菜要适量，而不应该摆阔气，乱点一气。

第三，请大家记住，节约粮食从自我做起。

浪费是一种可耻的行为。浪费粮食，从某种意义说，简直是"犯罪"。

《中华人民共和国反食品浪费法》第七条规定：餐饮服务经营者应当采取措施，防止食品浪费，建立健全食品采购、储存、加工管理制度，加强服务人员职业培训，将珍惜粮食、反对浪费纳入培训内容；第二十一条规定：教育行政部门应当指导、督促学校加强反食品浪费教育和管理，学校应当按照规定开展国情教育，将厉行节约、反对浪费纳入教育教学内容，通过学习实践、体验劳动等形式，开展反食品浪费专题教育活动，培养学生形成勤俭节约、珍惜粮食的习惯。

联合国把每年的10月16日定为世界粮食日，党中央、国务院决定把世界粮食日的那一周定为节粮周。我们要开展各种爱惜粮食、节约粮食的主题活动，从现在做起，要拿出实际行动，为党为国家分忧，把爱惜粮食、节约粮食的活动扎扎实实地开展下去。

二、定时定量

人体脏腑器官的活动都有一定的时间节律性，顺时养生对于顺应脏腑时间节律，减少疾病很有必要。定时定量，能使胃肠道有规律地蠕动和休息，从而增加食物的消化吸收率，使胃肠道的功能保持良好状态，减少胃肠疾病的发生。

饮食无规律，特别是暴饮暴食，常常诱发疾病：

第一，暴饮暴食会造成胃肠道的黏膜受损，从而产生胃炎、肠炎以及胃肠道黏膜的糜烂和溃疡，导致胃肠道出血，并进一步可引起胃肠道肿瘤发病率的升高。

第二，暴饮暴食会造成高血脂症，从而引起肥胖、脂肪肝，以及因为肥胖所导致的一系列代谢障碍，如呼吸睡眠暂停综合征、高血压、脑梗塞、心肌梗塞、风湿等相关的症状。

第三，暴饮暴食会导致诱发急性胰腺炎、急性胆囊炎、急性阑尾炎等急腹症的发生。

因此，定时定量就成为科学饮食的重要原则。

现代医学证明：早餐所食系一日消耗精力所需，而晚餐过饱，食必不消化，故有人提出：

早餐吃得好，

午餐要吃饱，

晚餐吃可少。

对于中小学生来说，正处于长身体的时期，饮食需求量大，"定时定量"的要求应灵活掌握，可以适时调整：

第一，早餐要吃鸡蛋、喝牛奶以及面条或稀饭等等而求得"饮食精细"。

第二，午餐要吃主食，米饭或面食等等。

第三，晚餐也要吃主食，因为学生晚上需要学习数个小时。

第四，有条件的家庭或学校，在半上午、半下午、睡觉前适当给孩子加餐。

第五，剧烈运动过后，适当补充饮食。

三、细嚼慢咽

现代人囫囵吞枣式的吃饭习惯，大多数的食物都在很大颗粒的状态下就进了肚子，加上生活习惯不好和阻塞的经络，使得消化酶的分泌不足。快速吃饭的习惯，更使身体分泌消化酶的速度赶不上食物的供应。大多数的食物不是由于颗粒太大，就是由于消化酶的不足，而使食物到达小肠时成为液态的比例非常低。大多数食物仍然是块状的固体，这些固体的食物最终只能被当成大便排出体外。虽然吃了很多的食物，可是身体吸收到体内的比例很低。所以平时饮食一定要做到细嚼慢咽，这样对身体非常有益。

唾液还有中和胃酸、修补黏膜的作用，有助于防治胃、十二指肠溃疡以及多种慢性胃炎、消化不良等。唾液腺还可以分泌对身体有益的各种消化酶和激素，它们可以促使牙齿、骨骼和肌肉变得强壮，保持新陈代谢的规律。细嚼慢咽还能促进体内胰岛素的分泌，调节体内糖的代谢，有助于预防糖尿病等多种疾病的发生。医学家还发现，唾液中的氧化酶和过氧化酶能够消除某些致癌物质的毒性，并且认为，培养良好的饮食习惯，细嚼慢咽，每口饭咀嚼30次以上，有助于消除食物中的致癌物。

《中国居民膳食指南》建议：吃早餐应用15-20分钟，而中、晚餐则需用半小时左右。这从用餐时间上给出了参考。用餐时间过少或过多，都不好。

四、吃不说话

古人曰："食莫语。"意思是说：吃饭时不要说话，因为边吃边说影响消化。其实，早在两千多年前，孔子就提出"食不言，寝不语"。意思是在吃饭时，不可聊天；睡觉前，也不要说话。这都是流传多年的古训，但已渐渐被人遗忘。

为什么吃饭时不宜说说笑笑？

第一，吃饭时讲话，容易把实物呛入气管或者让骨头之类的卡住，引起安全问题。

第二，吃饭时在集体场合大声交谈，会影响别人，是不礼貌的做法。

第三，吃饭时大声谈笑，吐沫横飞，会传播细菌，影响他人身体健康。

当然，吃饭时，如果有什么忍不住的话题非要说，偶尔轻声交谈，也是可以的。

有些专家主张，应充分利用吃饭的契机，对学生实施教育。我们认为，这种做法不妥。吃饭就是吃饭，细嚼慢咽，使营养充分吸收，还可以为胃肠减轻负担，预防肠胃疾病，确保身体健康，然后再接受教育，吃饭与教育不宜交叉进行。

五、不挑不偏

身体生长发育需要营养，平时保持营养均衡，对于生长发育有益。"我要健康我要壮，不挑不偏均营养。"正常情况下，各种食物都对人体健康有益，应该都吃吃。

挑食，就是对于食物挑三拣四，会导致营养不良。蛋白质，脂肪，糖类，维生素及微量元素如钙、铁、锌、硒、镁、铜、磷等缺乏，会影响生长发育，延缓神经的生长，体重减轻，生长发育停滞或不增加，肌肉萎缩，面黄肌瘦，皮肤干燥，毛发没有光泽，甚至出现疾病状态，如贫血、低血糖、血压下降、佝偻病等。

偏食，就是对于喜欢的食物就大吃特吃，同样是一种不良的摄食习惯，可导致某些营养素摄入不足或过剩，影响生长发育和身体健康，导致免疫力降低，造成体重下降、面黄肌瘦、皮肤干燥，甚至出现贫血、低血糖等现象。

家长如何让孩子不挑食不偏食？

第一，以身作则。

孩子的饮食习惯受父母影响很大，因此父母一定不要当面议论什么菜好吃、什么菜不好吃，自己爱吃什么、不爱吃什么，不要让自己的饮食嗜好影响到孩子。作为父母，应当调整自己的饮食习惯，不能因为自己不喜欢吃什么就也不让孩子吃，应努力使孩子得到全面丰富的营养。

第二，巧妙加工。

对孩子不爱吃的食物，在烹调方法上下功夫，如注意颜色搭配、适当调味或改变形状等，不爱吃炒菜就用菜包馅，不爱吃煮鸡蛋就做成蛋炒饭，总之要多变些花样，让孩子总有新鲜感，慢慢适应原来不爱吃的食物。

第三，不强迫也不放弃。

每个孩子都可能有不同程度的偏食，父母越强行纠正孩子可能会越反感，因此，建议父母不宜强迫进食，否则可能适得其反。很可能过一段时间后，孩子会接受某种原来不爱吃的食物。但也不能因为某种食物孩子不爱吃就不再给他（她）做，要注意观察，及时引导，不能听之任之。

第四，鼓励进步。

对孩子克服偏食的每一点进步，父母都应予以鼓励，这样孩子自己也会很乐意保持自己的进步的。

六、少吃零食

不少小学生放学后，第一件事就是跑进学校附近的小卖部挑选自己喜欢的小零食。这些小零食，可能含着各种影响身体健康的成分。

长期食用合成色素超标的食品，会影响神经系统的冲动传导，刺激大脑神经而出现躁动、情绪不稳、注意力不集中、行为过激等症状，干扰体内正常代谢功能，从而导致腹泻、腹胀、营养不良和多种过敏症。

长期食用甜味剂超标的食品，会增加消化道负担，影响人体正常新陈代谢，引发多种消化道疾病。

过多地食用辣椒精食品，会激烈刺激胃肠黏膜，使其高度充血、蠕动加快，引起胃疼、腹痛、腹泻，诱发肠胃疾病。

长期摄入铝超标的食物，会损伤大脑，导致痴呆，还可能出现贫血、骨质疏松等疾病，尤其对身体抵抗力较弱的儿童会产生危害，可导致儿童发育迟缓。

山梨酸钾是目前使用最多的防腐剂，长期食用其超标的食品，在一定程度上会抑制骨骼生长，危害肾脏肝脏的健康。

亚硫酸盐是一种广泛使用的食品添加剂、防腐保鲜剂，长期食用会引起过敏和其他健康问题，容易引起的常见症状包括呼吸困难、呼吸急促、哮喘和咳嗽等。

"少吃零食有保障，绿色消费享健康。"

如何做到少吃零食？

第一，饿了就喝水。水是没有热量的，多喝水可以带来饱腹感。

第二，用水果来代替零食。如果本身已经忍不住想要吃零食，那么就拿水果吃吧！最好是选择苹果或者香蕉。

第三，少去学校附近的零食店，少去商场的零食区，少买或不买零食。

第四，实在想吃零食，馋得受不了了，怎么办？一开始的时候，只尝一点点，再吐出来，不要吞下去；渐渐控制自己，意志坚定，一点儿零食都不吃，坚持就是胜利。

七、少喝饮料

饮料除能提供人体必需的水分外，还能满足不同人群对口味的需求，越来越受到消费者的喜爱。但是，饮料中经常含有一些特别的成分，有的危害到身体健康。

食品添加剂，能改善饮料的感官品质，赋予饮料优良的质地、口感、色泽，延长饮料的保质期，因此食品添加剂在饮料中扮演着越来越重要的角色。食品添加剂，如果超范围、超量或用非食品添加剂冒充食品添加剂而混入一些有害的成分，就会给消费者的健康带来极大的影响。

碳酸饮料，又叫"碳酸水"或"苏打水"，是用二氧化碳、水、糖制成的，一般都呈酸性。碳酸饮料的危害其实在于：酸，高度酸性的饮料会溶解牙釉质，使牙齿变得脆弱。

新鲜果汁，比碳酸饮料要健康得多，但它也是酸性的，对牙齿亦有潜在的危害。

怎么防范酸的侵蚀？减少喝酸碳饮料的频率和量；当喝碳酸饮料时，

最好直接用吸管吸到口腔后部，避免和牙齿过多接触；刚刚打开碳酸饮料瓶盖时，先不要急着喝，让"气泡"充分散发出来之后再喝；喝碳酸饮料后，不要马上刷牙，此时牙釉质正处于较脆弱的状态，牙刷毛会加重其损伤；定期去牙科诊所进行口腔检查。

如何做到少喝饮料？

第一，用酸奶或者牛奶等对人体益处较大的饮品代替。如果不能直接代替，可尝试混合饮用（比如今天喝牛奶，明天喝普通饮料，然后如此循环），降低普通饮料的饮用频率。

第二，合理饮食，大量饮水，使自己尽量保持不饿、不口渴的状态，以减少对饮料的欲望。

第三，多找事干，尤其是自己感兴趣的事，转移对饮料的注意力。

第四，发挥自己的自制力，忍忍不喝一天就过去了，逐步多忍一段时间（一周到一个月）就会逐步拜托对饮料的依赖，进而养成不喝或少喝饮料的习惯。

八、不边走边吃

随着现代社会发展，生活节奏加快，有的学生精神压力比较大，每天早上的时候就喜欢边走路边吃早餐，因为这样可以节省一些时间。

边走边吃，必然是吃些简单的食物，这样满足不了人体所需的营养，又容易引起消化不良，长时间可形成胃下垂，容易吸收细菌对身体有害。另外，边走边吃的时候，往往把注意力集中在吃上面，而忽略了路面的情况，容易带来交通安全隐患。

有专家指出，边走边吃早餐有五大危害：

第一，影响肠胃。

边走边吃早餐对于人的肠胃的健康是极其不利的，影响肠胃的消化功能，严重的话，可能会导致胃炎、胃下垂等情况。

第二，影响消化和吸收。

人在边走边吃时，会影响肠胃的消化系统，不利于食物的消化和吸收，有时会引起消化不良等症状。

第三，容易打嗝。

边走边吃，大脑既要指挥消化系统，又要指挥运动系统，注意力分散，因而往往不能细嚼慢咽，可能会发生呛食、噎塞等意外。

第四，肥胖问题。

边走边吃早餐，人们在这个过程中会分散注意力，从而吃得更多，会使体重增加。

第五，卫生问题。

在路上边走边吃早餐，吃进去的不仅是食物，还有道路空气中的重金属、灰尘和一些污染物。

专家建议，科学、合理地安排用餐时间，有利于学生身体发育；不要轻易占用学生的用餐时间。

九、多喝白开水

据研究，水是构成生命结构的基本物质。正常情况下，水分可以占到成年人身体体重的60%，按照60公斤的标准体重来说，身体内的水分可以达到36公斤。通常情况下，胎儿在母体内，水占体重的90%；婴儿出生后，水占体重的80%；成年人体内水的比例降到70%；到了老年，水在人体内的比例降到50%–60%。

喝白开水可以补充水分，增强免疫力。一个成年人，每天需要摄入八杯白开水。

早晨起来喝一杯白开水，好处有很多：

第一，补充水分。

在晚上睡觉时，人体会消耗大量的水分，晨起后会处于严重的缺水状态。晨起喝水可以明显补充身体因代谢丧失的水分，起到充分补充体液的作用效果。

第二，帮助肠胃运动，预防便秘。

起床后饮用白开水，可以有效刺激胃肠蠕动，预防便秘的产生。

第三，改善心脏供血，促进大脑清醒。

白开水会增加体内的血容量，促进了心脏的供血能力，促进血液的循环，会让心脏处于充盈的工作状态，会让人属于清醒的状态。

白开水，没有糖，没有添加物，前文指出，想喝饮料的时候可以喝白开水。

运动过后，身体缺水，可以及时补充白开水。

当然，对于白开水，不宜暴饮、牛饮，一次性喝得过多，会给身体带来较大的负担；不宜喝冰的，特别是身体不适的情况下；不宜喝摆放时间过久的、暴露在外的，容易感染细菌；而要小口、多次、温热、及时地喝，这才是喝白开水正确的方法。

第十一章 九个阅读好习惯

教育家苏霍姆林斯基说过："应该让孩子生活在书籍的世界里。"

书香校园的提倡者朱永新先生说："没有阅读，就没有学生的精神成长。"

阅读能够培养人的审美观、道德观和人生观，所谓"知书达理"便是如此。同时，阅读也是了解世界、思考世界的途径，对于一个孩子的成长是非常重要的。阅读习惯的好坏直接关系到自主学习能力的成长。

一、能坚持

养成每天读书的习惯。阅读习惯的养成不能是"三天打鱼，两天晒网"，兴致来了读一读，而是坚持每天在固定的时间阅读，进而逐渐形成自觉行为。

能否坚持阅读，从另外的一个层面呈现了一个人的意志力和自我约束力。

读书，坚持不下去，怎么办？以下方法可供参考：

第一，挑选书中感兴趣的部分或者精彩的部分先读，然后再整本书阅读。

第二，挑选感兴趣的书或者通俗易懂的书先读，然后再读深奥、艰深的书。

第三，与同学或伙伴一起读书，大家相互交流、相互督促、共同进步。

第四，联系自己的生活实际来阅读，边读边写，找出自己的不足，记下自己的感受，规划自己的未来。

第五，规划自己的未来，学习必要的基础知识。

二、坐得正

好的阅读习惯，除了要坚持之外，还要求阅读过程中，阅读者的身体姿态要正确。

所谓正确，就是要养成一个良好的读书行为动作。

如眼睛与书之间的距离，要做到："一尺一寸一拳头。"

"一尺"，说的是眼睛要离书一尺（33 厘米）。

"一寸"，说的是握笔手指离笔尖约一寸（3.33 厘米）。

"一拳头"，说的是看书写字时胸口离书桌一拳头。

理想的阅读姿势是：双腿与地面保持平行，背部直立。

选择的椅子软硬要适中，最好有一个直的而不是斜的靠背，椅子的高度应该足以让大腿与地板平行或比平行稍高一点。

读书姿势不正，不仅容易疲劳，还影响视力或脊椎，影响到身体的正常发育。

三、重爱惜

阅读过程中要养成爱惜图书的习惯。翻阅的过程中，尽量要保护好纸张，不要破损；书在手中尽量托起而不是卷起来，从而最大化地保持书的平整度。另外，要注意不要将饮料（水）或其他食物滴落在书中，进而保持页面的卫生。

对于借阅的图书，当然不要乱涂乱画，应该"完璧归赵"。

自己购置的图书，可以在书上做阅读笔记，但也应该简明扼要，不要胡言乱语、恣意妄为。对于经典书、工具书之类，需要长期使用的，要精心爱护、妥善保管。

鲁迅是我国的文学巨匠，在他的全部生活内容里，书籍处在重要的地位，他因此被人称为爱书如命的人。

在鲁迅博物馆里，陈列着一盒修书工具，那是一些简单的画线仪器、几根钢针、一团丝线、几块砂纸以及两块磨书用的石头。鲁迅就是用这些极其平常的东西，使他珍藏着的一万多册图书历久常新，没有一册书里有污损、破散的情况。

鲁迅小时候特别爱护书。他买回书来，一定要仔细检查，发现有污迹或者装订有毛病，就自己动手改换封面，重新装订。看书的时候，他总是把桌子擦得干干净净，看看手指脏不脏。脏桌子是不放书的，脏手是不翻书的。他最恨用中指或食指在书页上一刮，使书角翘起来，再捏住它翻过去的翻书习惯。因为这样翻书，在书页上就会留下指甲刮过的痕迹，容易损坏书本。他特意为自己准备了一只箱子，把各种各样的书整整齐齐地放在里面。箱子里放了樟脑丸，防止虫蛀。他收藏的书，总是捆扎保存得井井有条。鲁迅先生时常把一些好书主动寄赠给渴求知识的人，每当把书送出去时，他总是非常仔细地包扎好。鲁迅先生一生清贫，他最大的财产就是他的这些宝贵的藏书。

四、肯专心

一个具有良好阅读习惯的人，在阅读的过程中必定是全神贯注的，不会因周边的环境影响而停止读书与思考。

在阅读书前，可以整理一下自己的情绪，一旦阅读开始，就要将自己的全部精力投入阅读之中，只有这样的阅读才能收获满满。

古往今来，引导人、教育人专心读书的故事不胜枚举。

汉代董仲舒专心攻读，孜孜不倦。他的书房后虽然有一个花园，但他专心致志读书学习，三年时间没有进园观赏一眼。董仲舒如此专心致志地钻研学问，使他成为西汉著名的思想家。这就是"三年不窥园"的典故。

唐代李白小时候很贪玩，经常逃学。一次，李白从学堂跑出来，到河边玩，看到一位老婆婆正拿着一根铁棒在石头上磨来磨去，李白很惊讶，就问老婆婆磨铁棒做什么。老婆婆说："在磨针。"李白又问："这么粗的铁棒，何时能磨成针呢？"老婆婆说："只要有恒心，铁棒一定能磨成针。"李白听完很惭愧，从此刻苦学习，终于成为伟大的诗人。这就是"只要功夫深，铁棒磨成针"的故事。

北宋苏轼认为，一本书每读一遍，只要理解和消化一个问题就行了；一遍又一遍地读，就能达到事事精通。一本书的内容是很丰富的，而人的精力有限，不可能一下子全部吸收，只能集中注意力了解某一个方面。比如想探究历代兴亡治乱的原因，那么就从这个角度去读；要探究史实典故，就换另一个角度，再读一遍。这个方法虽有些笨，但这样读过之后，各个方面都经得起考验。这就是"八面受敌，各个击破"的读书法。

明末清初的思想家顾炎武童年非常不幸，天花病差点夺走了他的生命。虽然他体弱多病，但是在母亲的教导和鼓励下，顾炎武勤奋苦读，以过人的毅力手抄《资治通鉴》，终于成为一代大学者。

数学家张广厚有一次看到了一篇关于亏值的论文，觉得对自己的研究工作有用处，就一遍又一遍地反复阅读。这篇论文共20多页，张广厚反反复复地念了半年多。因为经常反复翻摸，洁白的书页上，留下一条明显的黑印。张广厚的妻子对张广厚开玩笑说，这哪叫念书啊，简直是吃书。

作家巴金的读书方法十分奇特，因为他是在没有书本的情况下进行的。读书而无书的确算得天下一奇了。这到底是怎么回事呢？巴金说："我第二次住院治疗，每天午睡不到一小时，就下床坐在小沙发上，等候护士同志两点钟来量体温。我坐着，一动也不动，但并没有打瞌睡。我的脑子不肯休息。它在回忆我过去读过的一些书，一些作品，好像它想在我的记忆力完全衰退之前，保留下一点美好的东西。"原来他的读书法就是静坐在那里回忆曾经读过的书。

五、勤摘抄

摘抄是一种非常有效的阅读习惯。在阅读的过程中，将自己认为最精彩的表达、最具有启发的语句、最经典的论述等内容，通过摘抄的方法记录下来，从而便于后期的梳理与再次阅读。

摘录时要注意：

第一，要有选择地抄录。

要重点突出，把对我们最有用、最有启发的内容抄下来，不能满篇都是自己摘抄的内容，眉毛胡子一把抓，找不到精彩的地方。每条抄录应当"少而精"。"少"指字数较少，"精"指内容把握要点。

第二，要忠实原文。

书里有段话，我们觉得挺好，想把它抄下来。抄的时候，又觉得某个词用得别扭，干脆另换一个词代替，这样不行。既然是摘录，作者怎样写，我们就应怎样抄，不但词句不能改动，就连标点符号也不能改动。一段话中，前后和中间不需要摘录的文字，可以用省略号表示。

第三，要注明出处。

每条材料都要注明是从哪本书里第几页抄录的，作者是谁。如果是在报纸、杂志上抄录的，就要把报纸、杂志的名称、日期写上。还要注明文章的标题和作者。这样便于以后使用时查对。

摘抄完之后，并非就束之高阁了，而是要"温故而知新"：可以对摘抄的地方用另外一种颜色笔对重点的内容进行提炼观点。一段时间以后，可以对摘抄内容进行归类，这样就可以逐渐形成自己的知识体系。

六、乐思考

子曰："学而不思则罔，思而不学则殆。"

普希金说："读书和学习是在别人思想和知识的帮助下，建立起自己的思想和知识。"

在阅读的过程中，我们要养成一边阅读一边思考的习惯，要常问自己："为什么这么写?"

"带着问题去读书"，是比较有效的读书法，特别是对中小学生的学校学习来说，很有必要。问题的设计，可以围绕文本的意思、作者的意图、读者的需求、社会的变化等来展开。

"读书而不思考，等于吃饭而不消化。"有人这样说，在一定意义上是有道理的。

中小学生，在学习过程中，对于课本、教材，需要精读而深思，大思考而大获益，小思考而小获益，不思考则无进步。

但是对于与学习关系不大的闲书、杂书，是为了开拓眼界、增长知识的，可以"一睹为快"，甚至"一目十行"，不必深究。一个人的时间和精力总是有限的，什么书都读，什么书都思考，不现实，也没有必要。

七、会查阅

通过阅读要养成查工具书的习惯。

在阅读的过程中。往往会碰到不认识和不理解的字词，这时不能跳过，而要积极且认真地去翻阅工具书，从而加大知识的累积。

工具书是一种依据特定的需要，广泛汇集相关的知识或文献资料，按一定的体例和检索方式编排，专供查资料线索的图书、文献，是人们在书山探宝，学海求知的"器"。学会和善于利用工具书，是做学问的一项基本功。

我国的工具书历史悠久，源远流长，很早就有《方言》《说文解字》《别录》《七略》等一批定型的字典、词典、书目。随着工具书的不断发展，工具书的种类变得越来越多，除字典、词典、百科全书外，年鉴、手册在工具书类型中发展较快，品种多，规模大，既有综合性的，又有专门或专科性的，既有学术性的，又有生活方面的。

就中小学生来说，常见的工具书有以下两大类：

第一，字典、词典。

如《新华字典》《现代汉语词典》《辞海》《牛津简明英语词典》《古代语常用字字典》等等。

第二，百科全书。

如《中国大百科全书》《新不列颠百科全书》《数学百科全书》《科学家传记百科全书》《中国文学百科全书》《西藏百科全书》等等。

八、懂分享

快乐是奇怪的东西，绝不因为你分给了别人而减少，有时你分给别人的越多，自己得到的也越多。分享是奉献的果实，分享是快乐的前提，和别人分享你的知识，那才是永恒之道。

因此，我们要养成分享的阅读习惯，做到愿意向朋友或者家人分享自己阅读内容中的有趣故事或者事件，愿意把自己读过的好书可以推荐给身边的人。

如何分享呢？除了口头直接交流，还可以写好读书笔记，当作材料与他人分享，就是简略写出自己阅读过的书或文章的内容，然后写出自己的意见或感想。换句话说，就是用自己的话，把读过的东西，浓缩成简略的文字，然后加以评价，最重要的是提出自己的看法或意见。

比较正规的读书笔记，往往有三个方面的内容：

第一，摘抄。

最常见的一种读书笔记方法，就是在读书过程中遇到喜欢的句子或者是一些好句子，抄在小卡片或者笔记本上。

第二，评注。

评注不单单摘抄语句，还需要在书中写上自己的心得感悟或者评价。评注可以写在文章的空白处，也可以用符号写在精彩段落旁，再用折页方式进行记号，方便以后查阅。

第三，心得。

心得就是在读完一本书或者整篇文章后，用作文的形式表达自己在这本书中得到的感悟或者体会。

　　读书多了，感觉自己的容貌似乎发生了变化。许多时候，自己可能以为许多看过的书成了过眼云烟，不复记忆，其实它们仍是潜在的，在气质里，在谈吐上，在宽博的胸襟里，当然也可能就在现实生活和黑白文字里！今天就给大家分享我最近读过的一本好书。

　　《人世间》：当代作家梁晓声创作的长篇小说，于2017年12月在中国青年出版社首次出版。分上中下三卷，100多万字，以平民子弟周秉昆的生活轨迹为线索，围绕春节欢宴、家庭聚会、重大事件布局全篇，展示近五十年来中国社会的发展变迁。2019年7月，《人世间》获第二届吴承恩长篇小说奖；8月16日，获第十届茅盾文学奖。文学评论家李师东说：该作品于人间烟火处彰显道义和担当，在悲欢离合中抒写情怀和热望，堪称一部"五十年中国百姓生活史"。

九、做批注

　　在自主阅读时，对文章的语言进行感知，对文章的内容、思想感情、表现手法、语言特色、精彩片段、重点语句等，在思考、分析、比较归纳的基础上，用线条、符号或简洁的文字加以标注。

　　古人说："不动笔墨不读书。"现代教育家叶圣陶老先生说："阅读是吸收，写作是表达。"这都告诉我们，把读和写结合起来，会促进孩子们深入思考，深度阅读，获得写作技巧和精神养料。

古人读书喜欢批注。毛宗岗批注《三国演义》，金圣叹之于《水浒传》《西厢记》，脂砚斋批注《红楼梦》，都成文坛盛事。

毛主席一生酷爱读史，尤其青睐二十四史。毛主席在日理万机之余，用顽强的毅力通读了这些历史长卷，有些史册和篇章还两遍、三遍、四遍地研读过。他在研读时，用不同颜色的笔写下了大量批语。1996年中国档案出版社出版了《毛泽东评点二十四史》，可供人们学习。

读书批注类型有以下三种：

第一，评点式批注。

读书或读文章时，读者沉入其中，会时时有所感有所悟。记录下瞬间感悟，可形成只言片语的评点式批注。

第二，提要式批注。

读书或读文章时，在关注内容的基础上，跳出内容，站在高处审视作品，自能加深对文章的理解。

第三，赏析式批注。

读书或读文章时，对作者的遣词造句，对作品语言的精彩和独特，读者会暗暗赞赏。此时将这一赞赏从内容和情感表达等角度进行深入思考，并形成文字，即是赏析式批注。

也有人对批注式读书详细分类，分为九种：

第一，基础性批注。

对于图书或文章中基础性知识的圈点勾画。比如划出需要注意的注音、生字词，把握文章的中心句或重点语句以及读后的内容概括，达到预习和整体感知文章内容的目的。

第二，感受式批注。

记下读书或文章时的理解感受、困惑迷茫或者收集相关资料得来的收获。这种感受式的批注能帮助阅读者深入理解文本，把握文章主旨。

第三，点评式批注。

对书或文章的内容或语言等写出自己或褒或贬的评价。这是个性化阅读的独特之处。

第四，联想式批注。

写下由图书或文章而联想到的文外知识，如一首诗、一个人或者一件事。让阅读者能够由此及彼将知识迁移、拓展到文外。这种阅读方法有助于知识的迁移、信息的归类整合。

第五，方法式批注。

这是比较重要的一种批注方法，在对知识的规范性解答方面有很好的训练效果。学生可以很敏感地发现文本中存在的写作方法，准确判断后赏析这一方法运用的效果。

第六，赏析式批注。

选取自己喜欢的文段、句子或词语写出赏析类文字。主要用于批注文学作品。

第七，疑问式批注。

写下自己在阅读时的疑问。

第八，补充式批注。

对于图书或文章中有遗漏的地方进行补充。

第九，仿写式批注。

在一些好句旁边仿写一句以达到学以致用的目的。

第十二章　九个安全好习惯

自1996年起，我国确定每年3月份最后一周的星期一，为全国中小学生"安全教育日"。设立这一制度是为全面深入地推动中小学生安全教育工作，大力降低各类伤亡事故的发生率，切实做好中小学生的安全保护工作，促进他们健康成长。

2022年3月28日，是第27个全国中小学生"安全教育日"。

一、不"玩电"

要养成正确的用电习惯。随着社会的不断发展和进步，电在日常生活中的用途越来越广泛，也的确给人们的生活带来了便利。然而近几年，因为玩电造成的损害事情屡有发生，"电老虎"伤人性命，给孩子和家长带来了巨大的损害。小孩富有好奇心，加上懵懂无知，时有模仿大人进行相关用电活动，因此，家长要对孩子进行用电知识教育，使其掌握正确的用电方法，特别要提出以下要求：

第一，大人不在家时，小孩不要私自用电。

第二，不要用手、金属物或铅笔芯等东西去拨弄开关，也不要把它们插到插座孔里。

第三，喝水或饮料时，不要在插座附近喝，以免水或饮料洒到插孔里，造成电器短路而着火。

第四，在户外玩耍时，要远离高压输电设备及配电室之类的地方。

第五，不要在高压线附近放风筝。

第六，不要到配电室中去玩。

第七，房子周围有许多电线，不要在电线上面搭挂、晾晒衣物。

触电，又称电击伤，通常是指人体直接触及电源或高压电经过空气或其他导电介质传递电流通过人体时引起的组织损伤和功能障碍，重者发生心跳和呼吸骤停。

儿童触电，多因玩弄电器、电插座、开关、电线，无意接触不安全的电气设备而引起的。儿童触电是家庭日常生活中比较常见的意外伤害，儿童因触电死亡的人数占儿童意外死亡总人数的10.6%。下面列举一二。

一名11岁男孩习惯性拿出充电器充电。手机放在大腿上，边充边玩。突然"嘭"的一声，手机爆炸，致其大腿被严重炸伤。医生说，小孩大腿炸得很厉害，骨头都炸黑了，炸得很深，血管、肌肉、神经都炸黑了，"电池炸得粉碎，爆炸后的渣全部在大腿肌肉里面，需要一层一层地去清创"。清创清了4个多小时，还在显微镜下清理。经过手术之后，小孩身体才状况转好。

一名8岁的小男孩，在爷爷奶奶不在身边的时候，用一根铁钉戳进家里插线板的插孔，触电身亡。事故现场惨不忍睹，被电击后的孩子身体蜷缩，手和脖子已经烧焦。

二、不"玩火"

俗语说："管得好，火是宝；管不好，火是妖。"出于好奇心，有时几个孩子会聚在一起玩"过家家"，模仿大人点火做饭，缺乏生活经验，孩子并不了解火的危险性，因玩火而引起的火灾时有发生。

作为家长，一定要耐心地向孩子们讲明玩火的危险性，加强对他们的教育，绝对不能让小孩子玩火。同时要采取一些有效措施，防止小孩子玩火。

第一，火柴、打火机等火源都应该收藏好，不能让小孩子拿到，以防因为玩火而造成人为的火灾。

第二，有的学生违反规定，经常躲在墙角、厕所等处偷偷吸烟，如遇上大人，就慌忙将烟头扔掉或藏在袖口、衣袋里，这是非常危险的。未熄灭的烟头遇到可燃物，极易引起火灾。

第三，夏日的夜晚，蚊子常常令人难以入睡，人们常用蚊香驱蚊。蚊香虽小，但使用不当也容易引起火灾，所以入睡前一定要检查。蚊香要放在支架上，不要放在窗台等容易被风吹到的地方，要放在远离纸、木桌等易燃物的地面上。

第四，外出野炊活动时，一定要在大人带领下，选择空旷安全的地方进行。大风天气应停止野炊。野炊完毕，要确实熄灭火种，以防"死灰复燃"造成森林火灾。

第五，随家长进山上坟，可以献上一束鲜花，而不焚香烧纸，同样可以寄托对亲人的哀思。焚香烧纸完毕，务必熄灭火源。

三、不"玩水"

俗话说："水火无情。"防火的同时，也要坚决防水。

游泳是很受欢送的一项运动，但是，"淹死的都是会游泳的鸭子"，尽管会游泳，但是因为各种意外，几乎每年都能听到有孩子溺水身亡的事情。

家长要告知孩子：

第一，不要单独去海边、河边、江边以及池塘边游泳，更不要在水边打闹嬉戏。

第二，上学、放学的路上，不要私自下水游泳。如有发现，及时制止，或者向家长、老师汇报。

第三，必须由家长或者教练陪着或看护着才能去游泳。

第四，不要在结冰或积雪之处私自玩耍。

嘉陵江处，三个十三四岁男孩在此游玩。当走到江边滩涂时，因降雨江水突然上涨，将滩涂包围成了"孤岛"。附近群众向正在附近巡逻的民警报警，民警联系救援队紧急救援，才将三个孩子安全救回。

一位初中男生，年仅12岁，与两名同伴在水潭游泳时溺水。两名同伴说，当时他俩只在水边玩，不敢下水游泳，而溺水男孩游进了深水区。事后，村民们纷纷赶来搜救，并报警。通过大家积极搜救，遗憾的是溺水男孩被打捞上岸时已无生命体征。

四、不"闯灯"

马路上用一条一条白色线组成的，像斑马纹那样的，就是"人行横道线"，它是专门为行人横过马路而设置的，行人在这里过马路比较安全。

法律规定，汽车在行驶过程中，遇到斑马线，应当减速慢行；遇到有行人从斑马线上横穿公路，汽车应当停下来让行人先过。

行人横穿马路时，必须走在人行横道线内。

"人行横道线"两端一般设有人行横道信号灯，这时候行人必须按信号灯指示通行。

"红灯停，绿灯行，黄灯表示要当心。"这是妇孺皆知的基本交通常识。

依照相关法律的规定，未成年闯红灯的，监护人会受到连带责任予以处罚。不管是行人还是车辆，都不可以闯红灯通行。如果有闯红灯通行的，一律进行罚款记分。如果是非机动车或行人闯红灯，那也将会处以罚款和受到教育的。

一名14岁学生骑自行车横过马路时闯红灯，被一辆正常行驶的小轿车撞飞，所幸没有生命危险。最终，县公安交管部门判定闯红灯学生全责。

五、不"逆行"

在我国，走路或骑车要遵循右侧行驶的交通规则。

行人须在人行道内行走，没有人行道的要靠路边行走。

行人不准在车行道上追逐、猛跑，不准在车辆临近时突然猛拐横穿，不准在道路上扒车、追车，不准强行拦车或抛物击车，不准在公路上玩耍、嬉闹。

当然，包括学生在内，行人决不允许"逆行"。

15岁的高一学生殷某骑电动自行车上学，在道路上逆行，将他人撞成脑瘫，承担事故全部责任。

六、不"乱跑"

近年来随着人们生活水平的提高，很多人会在周末，带着孩子到附近的大型商场、舞厅等娱乐场所放松放松，任意让孩子"乱跑"。孩子贪玩，控制不住自己，容易失去分寸，容易忽略安全，而屡屡发生事故。

而且，"乱跑"形成习惯，造成在学校，在课间操，或者在体育课上，孩子"乱跑"，频发事故。

某日上午9时许，五年级学生王某听到上课铃响，从学校商店快速跑去二楼的教室上课，在经过一年级某班教室门口时，将正走向教室的一年级学生邓某（7岁）撞倒，邓某后脑着地，当场口吐鲜血，被老师及其父母急送至医院抢救，经司法鉴定，其损伤程度为重伤二级，住院15天，用去医疗费3万元。对于邓某的人身损害，谁应承担责任？

法律规定，限制民事行为能力人在学校或者其他教育机构学习、生活期间受到人身损害的，学校或者其他教育机构未尽到教育、管理职责的，应当承担责任。本案中，王某不遵守学校安全管理制度，在上课铃响时奔跑撞倒邓某并对其造成人身损害，应承担主要责任；但王某系未成年人，其侵权赔偿责任应由其监护人（即家长）承担。同时学校未能将安全教育渗透到学生的自觉行为中去，上课铃响后，老师对校内学生的安全防范存在疏漏，未及时制止王某的快速奔跑行为，导致邓某被撞伤，因此学校应承担次要责任。

因此，无论是在广场、商场、舞厅、汽车等公共场所，以及在学校、操场等教学场所，都设有明文规定：孩子不要随意打闹、追逐。

七、不"乱吃"

前文谈到饮食的九个还习惯，这里还要强调一点：不"乱吃"。

吃东西时，要看是否标明生产日期和保质期，没有的坚决不吃，过期的坚决不吃，发现腐烂变质的坚决不吃，对于搞不清品种和特性的坚决不吃。

吃东西时，还要看说明书，要看看成分配比，可以请教家长或者老师，有色素、防腐剂、激素等等危害身体健康的食物，坚决不吃。

小学生饮食安全儿歌

小朋友，要记好，食品安全真重要。

讲卫生，懂常识，少生病就少打针。

小食品，要挑选，过期食品不能要。

小零食，不乱吃，病从口入不得了。

喝饮料，不太好，天天都喝肚子叫。

小冰棍，冰淇淋，多吃牙齿长不好。

牙齿不好真难瞧，长大就像猴宝宝。

小地摊，买食品，细菌又多不卫生。

不买不吃不生病，老师家长真高兴。

吃烧烤，更不好，危害更比吸烟高。

油炸食品要少吃，你能做到身体好。

八、不"打架"

打架斗殴是一种典型的故意伤害行为，加害者以故意损害他人身体健康为目的。所以打架斗殴的结果往往是造成受害者身体的损伤，遭受伤痛的折磨，甚至造成残疾。

打架斗殴行为严重威胁他人的生命与健康，极易造成他人身体的损伤，某些伤害是不可逆转的，将给受害者造成终生的遗憾。轻者违反校规校纪，严重者构成犯罪，将被追究刑事责任。打架斗殴行为既害人又害己。

值日未扫，致人死亡

郑某、李某、郑某某与被害人王某系同班同学。2012年7月，因王某值日但未打扫，郑某便以此为由与王某发生口角，后郑某、李某、郑某某使用了木棒、木质扫帚、钢板等作案工具，造成了王某头部重伤，后经救治无效死亡。一审法院以故意伤害罪，分别判处3名被告人有期徒刑2年至7年不等的刑罚。一审宣判后，郑某、郑某某提起上诉，二审法院维持原判。

操场踢球，生口角致伤

2014年2月10日，丁某在市某中学操场踢球时，与被害人张某发生口角争执后继而相互殴打，丁某用脚踢打张某腹部。后经司法鉴定，张某所受损伤属重伤二级。法院以被告人丁某犯故意伤害罪，判处有期徒刑1年6个月，缓刑2年。

无事生非，随意打伤人

2014年12月20日，被告人朱某与刘某、王某等9人在某招待所喝酒。当晚，王某等人来到网吧因看不顺眼正在上网的梁某等3人，便纠结朱某、刘某等人对其实施暴力殴打，造成梁某等3人均为轻微伤。法院一审以寻衅滋事罪判处众被告人应有的刑罚。

结伙抢劫，连续作案

2013年11月16日晚，被告人马某与张某（另案处理）、史某（未满14周岁）在清水县西关与清水县某中学学生刘某等3人相遇，遂将3人拉到一巷道内强行搜身，搜出现金12元及两张银行卡，并从银行卡中取出1300元现金后逃离现场。随后，被告人马某某也被拉来"入伙"，作案数起。因被告马某、马某某犯罪时系未成年人，且具有自首情节，一审法院以抢劫罪分别判处了两名被告人缓刑，并处罚金。

辍学少年，绑架勒索

2011年10月25日晚，被告人王某与李某某、李某预谋绑架其舅舅的孩子以勒索钱财用于网络游戏。次日下午，王某将表妹邵某骗离学校，在一土坯房处，王某让李某某将邵某"做掉"，李某某持事先准备的砖块将邵某杀死。其间，李某在明知此事的情况下，还是为王某提供手机卡用于发送勒索短信。一审法院以故意杀人罪判处王某有期徒刑12年，李某某有期徒刑10年；以绑架罪判处李某有期徒刑3年，缓刑4年。

学生矛盾，家长出战

2014年9月28日，被告人师某听说女儿被同学陈某欺负，便于次日对陈某实施了殴打，致陈某二级轻伤。一审法院以故意伤害罪判处师某有期徒刑1年，缓刑1年6个月。

恶意挑衅，硬碰硬更受伤

2014年11月10日晚，被告人单某和刘某（另案处理）等人在闲逛时，碰见佘某等4位学生，单某等人喊住佘某等学生进行盘问。由于不怀好意，引来一场殴斗，结果双方均造成伤害。一审法院以寻衅滋事罪分别判处被告人单某、佘某有期徒刑7个月。

九、不"赌博"

赌博就是用玩扑克牌、麻将、游戏等形式，拿钱物作注比输赢，是社会一大公害，扰乱了正常的工作秩序，耽误了个人前程，破坏了幸福家庭，是党纪国法所不允许的。

一个人，特别是学生，若染上赌博的恶习，夜不归宿，无心上学，整天沉溺于扑克牌、麻将桌中，不听父母、老师的好言相劝，将走向一条不归路。

"不赌，你就赢了；你赌，你就输定了；要想不输，只有一个办法，就是远离赌。"这真是至理名言。

"黄赌毒，是一窝，害人害己罪过多。"

"打击黄赌毒，人人都健康，家家都幸福。"

第十三章　九个运动好习惯

如今常把"德、智、体、美、劳"作为培养人的全面发展的标准。立足于当前学校教育的现实，笔者以为，体育运动的好习惯更需要全面展开和坚持。

学者王国维曾将人之能力分为内外两种：一为身体之能力，二为精神之能力。而精神之中又分为三部：智力、感情及意志。如果教育可以分为身体教育与精神教育，而精神教育（心育）则又含智育、德育、美育的话，在逻辑上，体育就先于后者。从人类学来看，人的内在生存能力较之于其他动物而言要弱，强大的外在生存能力，也就是基于体能锻炼的诸多能力就成为人的重要依靠，运动习惯的重要性就不言而喻了。

一、做好准备活动

准备活动能够提高肌肉温度，克服肌组织的黏滞性，增加肌肉、韧带的伸展性和弹性，预防运动损伤的发生。运动锻炼前进行一定强度的准备活动，可使肌肉的代谢过程加强，肌肉温度升高，增加肌肉中毛细血管开放的数量，提高肌肉力量和提高韧带的弹性和伸展性，使关节腔内的滑液增多，防止肌肉和关节的损伤。

准备活动还能提高内脏器官的机能水平，以适应身体剧烈运动的需要。内脏器官的机能特点是生理惰性大，不能与神经系统的活性同步，为了使内脏器官在正式运动时就达到较高的工作状态，适当的准备活动可在一定程度上预先动员内脏器官的机能，提高内脏器官的机能水平。

不做准备活动会导致身体在神经系统和身体各器官系统没有被动员起来的情况下，容易发生软组织拉伤和关节扭伤。

准备活动做得不充分，神经和其他器官系统的兴奋性尚未达到适宜水平就开始训练，容易过早出现极点。

"你准备好了吗?"没有准备好，那就认真准备，行动起来吧!

二、选好运动时段

有人认为，清晨锻炼比傍晚锻炼好，其实是不正确的。因为在早晨人的血液凝聚力很高，形成血栓的可能性相应增加，早晨更是心脏病发作的高峰期。

相反，傍晚是运动健身的最佳时刻，一般来讲，晚上6点至8点半是一天中的黄金锻炼时间。

首先，傍晚时的心跳、血压趋于平衡，进行锻炼比较安全。

其次，人体的五感更加敏锐，应激能力达到了一天中的最佳状态，此时锻炼可以取得较好的成效。

最后，傍晚进行锻炼，体内对血栓的化解能力也能达到最佳水平，可以促进身体更加健康。

因此，应该是傍晚锻炼比清晨锻炼效果好。

对于中学生来说，其身休处于发育阶段，可塑性强，对运动时段的要求就没有那么强。上午、下午或傍晚，只要做足了准备运动，就可以运动起来；当然，傍晚的运动效果，最好。

三、定好运动时长

有人认为，锻炼时间越长，对身体越有好处，一旦有了空闲应该就进行长时间的锻炼，这是不科学的认识。

锻炼时间过长，不但起不到强身健体的作用，反而会让身体的一些部位或功能受到伤害。

任何人锻炼后，都需要休息和复原。人们希望从锻炼中获得积极效果，如增加肌肉力量、改进心血管作用等，这些正是在休息期间内出现的。

锻炼身体到了某一程度后，就会发生效用递减现象，有时还会因为锻炼过度而增加受伤的危险。如果没有足够的恢复时间，身体所消耗的物质不能及时得到补充，身体储备处于负平衡状态，就会使疲劳积累，造成过度疲劳。这就违背了运动的初衷。

国家教育的相关部门近年提出，学生每天应该锻炼一小时，让他们养成锻炼身体的好习惯。科学研究证实，45分钟以上的有氧运动才能消耗体内脂肪库中的脂肪，时间太短效果会打折，时间太长又会影响饮食和休息。所以，"1小时锻炼"对学生强身健体而言，可以说是"刚刚好"。

近10年来，超重/肥胖儿童、青少年的数量增加、比率上升，超重率、肥胖率分别达到11.1%和7.9%。这与含糖饮料过度摄入、膳食结构不合理等有关，只靠校内饮食干预效果有限。饮食干预本质上是对饮食行为的短期控制，并没有改善行为下的动机、信心，甚至可能引发逆反情绪。另外，目前家庭高脂、高盐、精粮比例过高的不均衡膳食结构较普遍，校内干预饮食无法触及这部分。

运动是实现超重/肥胖儿童、青少年体重管理的有效手段，伸展性、弹跳性、全身性、户外运动等多种类型结合效果最佳。6~17岁儿童和青少年应每天进行60分钟或以上的中等到高强度体育运动，包括有氧、肌肉强化、骨骼强化运动等。家长更好的做法是和孩子一起增加运动，把保持一定的身体活动视作生活方式的一部分，而不是任务。

孩子的运动结构化不像成人那样完整，一会儿和同伴追逐，一会儿又去玩球或爬树了，不能照搬成人的运动强度评估体系。一般来说，背着书包以最快速度走到学校就是中等强度运动。

四、挑好锻炼方法

不同个体在运动锻炼过程中都存在着一定的差异性，也就是不同的人要根据自身的实际情况选择合适的锻炼方法。锻炼的方法有很多，下面列举一二。

第一，重复锻炼法。在相对固定的条件下，按一定的要求，反复进行某一练习。

重复锻炼法构成的因素有：（1）重复练习的次数和组数；（2）每次重复练习的距离或时间；（3）每次练习的负荷强度；（4）每次（组）练习之间的间歇时间。如，以固定的速度、按规定的距离重复跑；以同一方式多次举同一重量的杠铃；在一定高度上用同一过杆技术反复进行跳高练习；以固定的次数为一组做俯卧撑，重复练习若干组；等等。

第二，间歇锻炼法。在一次（组）练习之后，严格控制间歇时间，在肌体未完全恢复的情况下，就进行下一次练习的锻炼方法。

间歇练习法构成的因素有：（1）每次练习的时间和距离；（2）练习重复的次数和组数；（3）每次练习的负荷强度；（4）每次（组）练习的间歇时间；（5）间歇时的休息方式。以慢跑为例，100米全速跑间歇时间不少于30秒。一般间歇后心率低于130次／分钟，即可开始下次的练习。运用间歇锻炼法时，每次练习的时间不能太长，负荷强度可以根据锻炼的目的、所要解决的问题进行安排和调整。

寒假期间，学生应该每天坚持锻炼1小时，如包括走楼梯、原地小步跑、连续跳绳等，可以帮助提升心肺能力、增强力量、改善柔韧，一起来锻炼身体吧。

特别提示：运动量要适度，以中低强度为主（心率在120-160次/分钟以下），运动后要注意保暖和休息；建议上午、下午和晚上，规律进行适时居家健身；训练时保持均匀呼吸，避免憋气；训练难度循序渐进，避免盲目追求动作难度和数量。

重要提醒：孩子们因长时间居家，要重视营养补充与调剂，总体按照"荤素搭配要合理，五谷杂粮要均衡"的要求；可在阳台多晒太阳，或在防护措施到位的情况下适当进行室外空旷场地活动，增加维生素D和钙的补充，促进骨骼生长。

四招提升心肺能力

每个动作30-60秒，休息30秒，可任意选择2-3个动作为一组，组间歇1-2分钟，建议1-3组循环练习，根据自身能力选择组数练习。

1. 走楼梯

动作要领：抬头挺胸收腹，腰背平直，上下肢摆臂蹬腿提膝协调一致。

注意事项：呼吸与步伐节奏一致，避免憋气；支撑腿落地轻快，避免过度用力蹬踏台阶。

2. 原地小步跑

动作要领：抬头挺胸收腹，腰背平直，上下肢摆臂单腿支撑、提踵协调统一。

注意事项：呼吸与脚步节奏一致，避免憋气；躯干稳定，避免身体摇摆晃动；交替提踵要快速有力，避免节奏混乱。

3. 连续跳绳

动作要领：抬头挺胸收腹，腰背平直，双腿微屈稳定支撑，双臂手腕绕环与双脚并拢提踵协调连续跳跃。

注意事项：呼吸与动作节奏一致，避免憋气；身体躯干整体稳定，避免摇头晃脑和身体晃动；膝关节微屈，避免膝关节超伸或屈曲过度。

4.半蹲跳

动作要领：抬头挺胸收腹，腰背平直，双手叉腰，两脚与肩同宽，脚尖平行向前；髋、膝、踝三关节同时屈曲与伸展进行连续半蹲跳。

注意事项：呼吸与跳跃动作节奏一致；身体躯干稳定，避免弯腰驼背；双膝在脚的正上方且与脚尖方向一致，避免膝关节内扣或偏离力线；落地动作要快速屈曲踝、膝、髋三关节积极缓冲，避免腰、膝关节损伤。

四招提升力量素质

每个动作30-60秒，休息20秒，可任意选择2-3个动作为一组，组间歇2-3分钟，建议动作之间循环练习，根据自身能力选择组数练习。

1.侧向弓步走

动作要领：抬头挺胸收腹，腰背平直，双手叉腰；单腿侧向跨出适当距离，稳定支撑身体重心快速屈曲踝、膝、髋三关节，另一侧腿膝关节伸直；重心完全移动至屈曲单侧腿后快速站立并腿，重复进行弓步侧移。

注意事项：呼吸与侧弓步动作节奏一致，避免憋气；人体躯干整体稳定，避免弯腰驼背身体变形；弓步屈曲腿膝关节保持在脚的正上方与脚尖方向一致，另一侧腿膝关节保持稳定伸直，避免膝关节损伤。

2.俯卧撑

动作要领：颈、肩、腰背平直，核心稳定有力，双臂垂直支撑于地面；下落曲臂挺胸夹肩，大臂外展45度，小臂垂直支撑，上肢与身体呈m型，核心与下肢呈一条直线。

注意事项：曲臂下落吸气，伸臂上推呼气，呼吸动作保持一致，避免憋气；核心腹部先稳定发力再上肢发力推起，避免塌腰屈髋。

3. 单腿踮脚

动作要领：单手扶墙，抬头挺胸收腹，腰背平直，一条腿直立稳定支撑于地面，另一条腿体系保持高抬姿势，进行支撑腿单腿提踵踮脚练习。

注意事项：呼吸与提踵动作节奏一致，避免憋气；身体直立，避免身体重心偏离支撑提踵脚；支撑腿膝关节保持稳定伸直，提膝腿保持稳定高抬，避免屈伸和摆动借力。

4. 毛巾拔河

动作要领：两人面对面侧身马步站立，身体直立，核心稳定，下肢稳定有力支撑，两人双手抓住一条毛巾，相互用力拉对方进行拔河。

注意事项：均匀呼吸，避免憋气；两人用力较量，避免突然松手；两人下肢、核心躯干稳定支撑，双手紧握毛巾，避免无法发力。

四招改善柔韧性与形态

每个动作20-40秒，休息20-30秒，连续2-4个动作为一组，组间歇1-2分钟，建议1-3组循环练习，根据自身需要选择组数练习。

1. 手臂拉伸

动作要领：腰背直立坐在椅子上，一侧手向上伸直然后曲臂触摸脊柱，另一侧手上举抓住对侧肘关节向同侧牵拉，同时头抵住大臂向后发力，保持一侧手臂牵拉数秒，然后换边。

注意事项：呼气加力牵拉，避免憋气用力；手臂向上伸直后曲臂触摸脊柱，避免直接触摸脊柱达不到牵拉目的；抬头抵住大臂，避免低头。

2.站姿并腿拉伸

动作要领：抬头挺胸，腰背直立，双腿伸直，两脚并拢，呼气向下低头含胸，弯腰屈曲向下，双手臂顺腿向下伸展抓住脚踝或手掌抵住地面，呈站立体前屈姿势，均匀呼吸保持数秒后吸气复位。

注意事项：呼气向下从头到骨盆一节一节屈曲向下，避免抬头挺胸屈膝等动作。

3.坐姿半转身

动作要领：双腿伸直坐于地面，右腿屈膝，脚放于左腿膝关节外侧，左手臂肘关节抵住右腿膝关节外侧，左手撑于身体后侧，腰背挺直向右侧半转，身体躯干并配合呼气加力。

注意事项：腰背挺直，呼气转体，避免腰背屈曲和憋气。

4.坐姿分腿拉伸

动作要领：双腿伸直坐于地面，两腿伸直分开，身体尽可能最大幅度前屈，并配合呼气，双手抓住脚踝或脚尖，保持数秒，然后接屈膝两脚心相对，蝴蝶式拉伸。

注意事项：双腿伸直脚踝勾紧，尽量避免膝关节屈曲；保持腰背直立屈髋，避免弯腰驼背伤腰。

五、备好运动补水

水是人体的重要组成成分。水参与全身的新陈代谢，可使微血管保持清洁、畅通，帮助细胞得到再生。不少学生口渴就喝各种各样的饮料，而不是喝白开水；在运动后感到口渴时，其实已经轻微脱水，运动能力已经开始下降。因此，运动前后以及运动过程中，都要特别注意补充水分等，不要等到感觉口渴时再补充水分。这就需要在运动前准备好。

运动补水的原则是：积极主动；少量多饮；维持水盐平衡。

第一，运动前要喝够水。

运动前两小时，需补充适量的白开水，最佳状态是以自已不感觉口渴为准。

第二，运动过程中喝水。

如果出汗量较大，就要喝盐水，补充运动中丢失的钠离子。在运动时，即使不感到口渴，也最好在每运动20分钟就喝一两口水，可以补充体内丢失的水分。

第三，运动后要及时补充含有电解质的、达到国家标准的"运动"或"功能"饮料，这样能有效促进糖原的恢复，达到快速消除疲劳的目的。

喝饮料时，一定要注意饮料的成分配比，如果搞不清楚，可以询问家长或体育老师。

六、设好运动强度

有人认为，运动就应该大汗淋漓才算到位，才能达到锻炼的效果。这恐怕是热爱体育的人形容运动状况最常用的一句话，似乎不出汗就表示运动没有达到应有程度。殊不知，运动过程中出汗多少除了与运动负荷有关之外，更多地取决于人体汗腺的遗传因素。在日常运动过程当中，我们不能一味以出汗量的多少来判断锻炼的效果。取而代之的，诸如自我感觉、呼吸、面色、完成动作质量等，都可以衡量机体运动疲劳的程度。

运动强度指身体在指定时间内承受的物理或体力负荷大小。如步行或跑步速度的快慢（速度越快，强度越大）。不同的运动强度产生不同的生理反应，健康效应也不同。既往的科学证据和运动指南均强调中等运动强度，常用"快走"作为代表；现在，随着新证据的累积，中速（4 km/h）步行也可以作为中等强度（下限）。

一般来讲，中等强度的运动比较合适。对于6–17岁的儿童青少年，要想知道自己的运动强度是否合适，可以在运动结束后摸一下脉搏，即刻计数10秒钟心率，然后乘以6，如果达到130次以上，则是达到了中等强度运动。或者从主观感受来判断，运动中心跳加快，微微出汗，运动后睡眠质量高，第二天精神充足，这样的运动强度是比较合适的。

一般来说，超强运动无益于身体健康。生理学家曾进行了两项研究：一是比较低强度和高强度运动对人体心血管系统的影响；二是测定连续运动和间断运动时血压与心率变化的情况。结果表明，低强度和间断运动，均能对健康产生良好影响。因此，每天进行低强度运动，不仅有益于健康，还可以减少心脏病发作的危险性。

无论疲劳程度的多少，大汗淋漓的情况下，一定要及时补充富含水分和营养的食物，如白开水、香蕉、运动饮料、苏打饼干等。否则，身体会因水分和养分缺乏而虚脱，既影响运动效果，又对健康造成危害。①

七、善用运动装备

很多学生在参加体育运动前，都没有注意做一些常见的准备。为了高效保护运动，避免受伤，除了做好准备活动（热身运动）外，可以通过相关的保护装备加以实现。

如，护腰带，又称束腰带、护腰、腰托、腰围，作为护具，多用于腰椎疾病患者的保守治疗以及腰椎手术后患者的康复训练。护腰带一般由可透气的腰护网、高弹性的左右松紧带、加强带构成，内有半硬铝合金条或医用纤维塑胶条。护腰带的主要作用是保护腰部，通过限制腰部活动来达到缓解腰痛的目的，即通过限制腰椎的屈曲等运动，缓解椎间盘内压力，使损伤的椎间盘可以充分休息，同时减轻腰椎周围肌肉与韧带的负担，防止损伤继续加重，为患者机体恢复创造良好条件，保护腰部组织。②

学生参加运动前可以准备好一个运动包，在里面装些常见的运动装备，这样贵重的物品都可以安全保管；装好一双合适的运动鞋；准备好喝水的瓶子；女生最好准备一条可以用来擦汗的毛巾；准备好备用的衣

① 朱赛，韩孟孟.常见体育运动十大误区及指导建议［J］.体育师友，2014（2）：50–51.
② 参见 https://www.xuexi.cn/lgpage/detail/index.html?id=9256989557732943771。

物，特别是在运动后，可以及时更换，这样可以预防感冒；如果是参加比较激烈的运动，最好是准备一些安全性的防跌打的喷雾剂或者是药物，这样出现意外时可以有保障药物。

八、学好损伤处置

运动过程中，受伤是无法完全避免的。因此，掌握相应的运动损伤处理知识与技能，是非常重要的。

运动损伤指运动过程中发生的各种损伤。其损伤部位与运动项目以及专项技术特点有关。如体操运动员受伤部位多是腕、肩及腰部，与体操动作中的支撑、转肩、跳跃、翻腾等技术有关。网球运动员与标枪运动员的肘容易受伤。

运动损伤的主要原因是：训练水平不够，身体素质差，动作不正确，缺乏自我保护能力；运动前不做准备活动或准备活动不充分，缺乏适应环境的训练，以及教学、竞赛工作组织不当。运动损伤中，急性多于慢性，急性损伤治疗不当或过早参加训练等原因可转化为慢性损伤。

运动损伤怎么处理？

扭伤：由于损伤后在损伤部位，血液流入组织间隙引起血肿，同时毛细淋巴管因损伤而不能把过多的组织液运走，会造成水肿。按摩与揉捏的主要作用是加速血液循环，所以扭伤后如按摩则会增加毛细血管的出血量，会加重肿胀和疼痛，而冷敷可使血管收缩，缓解肿胀。一般情况下，经过24—48小时后，损伤部位的内出血才会停止，这时可用温热毛巾热敷或按摩以消肿和促进血液吸收。在进行热敷时，温度不要太高，时间不宜太长，按摩时也不宜太重，以免加重渗出、水肿或发生再出血。

摔伤：一旦发生，需要明确有无骨折、韧带损伤。对伴有明显肢体反常活动的人，不要盲目搬动，必要时报告体育老师或校医。

擦伤：对不干净的伤口，要用清水冲洗干净。伤口干净，涂上红药水或紫药水或贴上创可贴即可自愈。较严重的擦伤，首先需要止血，酌情采取冷敷法、抬高肢体法、绷带加压包扎法、手指压止血法等方法进行处理，必要时到医院进行伤口清洗、缝合、上药、包扎等，以免感染或流血过多。

鼻出血：让受伤者坐下来，头向后仰，暂时用口呼吸，鼻孔用纱布或干净的软纸塞住，用冷毛巾敷在前额和鼻梁上，一般即可止血。如仍不止，应到医院检查、处理，及时采取有效措施，防止大量出血出现休克。

脑震荡：轻度脑震荡的患者，安静卧床休息一二天后，即可恢复。对于中、重度的脑震荡，要保持伤员绝对安静，仰卧在平坦的地方，头部冷敷，注意身体的保暖，并及时送医院治疗。

脱臼：动作要轻巧，不可乱伸乱扭，可以先冷敷，扎上绷带，保持关节固定不动后，立即送医院请医生矫正治疗。

骨折：先应安抚受伤者，防止休克，注意身体保暖，立即送医院治疗。

九、熟记运动禁忌

忌饿着肚子运动：很多早晨起床或下班后运动的人会空腹锻炼，饿着肚子做运动无异于开着一辆没有油的坦克，你的身体需要能量来保证运转。一些健康小吃，如燕麦粥或香焦，可以很容易就消化掉，并提供你接下来运动所需的额外能量。早晨运动时尤其不要空腹，因为经过一夜，你的胃已经空了，热量已经消耗完了，你需要给身体加些"燃料"了。

忌边看书边做运动：有些人常常一边蹬着运动脚踏车一边翻看杂志，觉得这样能得到全面放松。要知道，一心不可二用，看杂志就意味着你没法同时关注你在进行的运动。如果非要做点别的，好让锻炼不那么枯燥，那可以听听音乐，因为它不像阅读那么需要集中注意力。

忌只选择一种运动：很多人喜欢只做一种运动，如跑步或者骑固定脚踏车，认为只要长期坚持就有明显效果。其实，全面锻炼需要几种运动搭配进行，如散步、慢跑、打球、仰卧起坐等可交替进行。

忌不进行热身运动：没有热身运动，就等于在氧气和血液还没达到肌肉的时候，就要求身体突然运动，这样会增加身体受伤危险。在心肺功能训练中让心率猛然提高，这是非常危险的。因此在正式锻炼之前，应该花5~10分钟做一些简单的热身运动，使身体里外都"热"起来。

忌运动到大汗淋漓：这个前文多有涉及。对于非运动员来说，运动不必搞到大汗淋漓。运动中一旦出汗，应及时补充水分并适当调整强度，休息几分钟并喝上两口水。

忌剧烈运动中立即停止：剧烈运动时，人的心跳会加快，肌肉、毛细血管扩张，血液流动加快，同时肌肉有节律性地收缩会挤压小静脉，促使血液很快地流回心脏。此时如果立即停下来休息，肌肉的节律性收缩也会停止，原先流进肌肉的大量血液就不能通过肌肉收缩流回心脏，外周血液增多，造成血压降低，会出现脑部暂时性缺血，从而引发心慌气短、头晕眼花、面色苍白，甚至休克昏倒等症状。

科学运动，不仅仅是运动前和运动中的科学，也包括运动后的科学。

如：运动后是否马上洗澡？运动时流向肌肉的血液增加，心肌血液同时增加以适应运动所需。运动结束后，加快了的心跳和血液流动仍会保持一段时间。立即洗热水澡，会使血液流往肌肉和皮肤的量继续大增，使剩余血液不足以供应身体其他器官的需要，尤其是心脏和脑部，导致心脏病突发和脑部缺氧。高血压、血中胆固醇过高、体重过重、吸烟过量等有潜在心脏病危机的人尤其要注意。

在剧烈运动之后，能否饮啤酒以解渴和散热？医学证明，人在做完15分钟运动后，马上喝一大杯啤酒，血液中尿酸和次黄嘌呤（可转化为尿酸）的浓度比运动前会明显增加。当尿酸在体内有排泄障碍时就会在人的关节处沉积而引起痛风症。因此，剧烈运动后，切勿饮啤酒。

第十四章　九个劳动好习惯

　　劳动锻炼了孩子的意志，使孩子变得更加坚强；劳动使孩子更珍惜物质的拥有和生活的幸福；劳动使孩子体悟到父母的辛苦与伟大，学会尊重父母和孝敬师长；劳动培养孩子自强、自立的品质，使他们能够顺利成为一个合格乃至出色的人；劳动使孩子耻于不劳而获，懂得自己的劳作也能为他人带来些许幸福；劳动使孩子的双手更灵活，大脑更聪慧，知识更丰富。

　　2022年，教育部正式印发《义务教育课程方案》，将劳动从原来的综合实践活动课程中完全独立出来，并发布《义务教育劳动课程标准（2022年版）》。该标准指出，义务教育劳动课程以丰富开放的劳动项目为载体，重点是有目的、有计划地组织学生参加日常生活劳动、生产劳动和服务性劳动，让学生动手实践、出力流汗，接受锻炼、磨炼意志，培养学生正确的劳动价值观和良好的劳动品质。

　　根据义务教育课程方案，劳动课程平均每周不少于1课时，用于活动策划、技能指导、练习实践、总结交流等。同时，这门课程注重评价内容多维、评价方法多样、评价主体多元，除了烹饪和农业劳动，还从家用器具使用与维护、传统工艺制作、工业生产劳动、现代服务业劳动、公益劳动与志愿服务等方面，对每个学段作出了不同的规划。

一、自己的事情自己做

有几只刚出生不久的小狮子，被猎人带回家中精心喂养。小狮子慢慢长大，无忧无虑，有吃有喝。当然，猎人给它们设计的笼子也温暖舒适。没有想到，一只小狮子从笼子里跑了出去。后来，猎人外出再也没有回来，笼子里的小狮子活活被饿死了。那只当年跑出去的小狮子，独自在野外。饿了，自己找食吃；渴了，自己找水喝；有了伤，会用舌头舔伤口；遇到敌人，知道怎样保护自己。它顺利地活下来了。

这几只狮子的命运为什么不同？你从这个故事中得到什么样的启示？

逃出笼子后的那只小狮子，之所以能顺利地活下来，是因为长期的野外生活使它知道怎样寻找食物和保护自己。而笼子里的小狮子，之所以活活被饿死了，是因为它们长期在温暖舒适的环境中成长，没有得到起码的生存能力的锻炼，缺乏寻找食物和保护自己的能力。

这个故事说明：不能自立，永远不能成为大自然的一员。

动物是这样，我们人类更是如此。

家长要让孩子学会自我服务性劳动，学习料理自己的生活，如学会自己穿衣、刷牙、铺床、叠被、洗袜子、洗碗、整理学习用具等等，使孩子掌握基本的生活技能。要教会孩子："自己的事情自己做，别人的事情帮着做，不会的事情学着做。"

"吃自己的饭，流自己的汗，自己事情自己干；靠天、靠地、靠父母，不算是好汉。"

人有一双手，就是用来做事情的，就是用来解决生存问题的。包括学生在内的所有人，需要有独立的个性，就要去掉依赖思想，既不要靠父母，也不要靠别人，而需要靠自己，只有自己才是最靠得住的人，如此才能创造人生的幸福和快乐。

二、家里的事情主动做

学生帮助干家务，是迟早的问题。孩子应该懂得自己在家庭中是重要的、有用的、能够贡献自己力量的一员。如果他们不能通过干一些家务活来表现自己，他们就会找不到正确的途径来显示自己的重要性。

父母可能会认为那些家务活都很容易，所以就包揽一切。他们还可能认为自己做家务会比孩子"有条理"得多。如果父母持有这种观点，无非是在剥夺孩子学会与人合作、培养负责心的机会。劳动会培养孩子的生活能力，使他们感到自己很有价值。所以要教育孩子养成热爱劳动和尊重劳动者的习惯，可以就从做家务开始。

家长可以花些时间和孩子一起干家务，并训练他们干活的熟练程度，直到他们学会怎样干好一项家务为止。如果他们觉得自己能够独立做好一项家务活，就让他们自己去做，还让他们知道如果需要帮助，父母会随时来帮忙。但他们不需要帮助时，就不必去管他们。

适合小学生的家务有哪些呢？下面列举一些。

择菜：让孩子一起参与，从择菜到洗菜，让孩子知道所吃的菜肴需要经过这些步骤才能食用。

洗米、煮饭：打开米缸舀米，家长与孩子一起参与，并告诉孩子舀多少。洗米时，也可以告诉孩子，这水除洗米外，还可以留着做其他用途，让孩子除了参与家务外，还能教育孩子节约的观念。

扫地、擦桌子：先找出一块孩子专用的抹布及拖把，让孩子试着去做家务，或由父母教孩子如何做，才能将桌子、地板弄干净。

晒、收、叠衣服：晒衣服时可请孩子帮忙拿衣架，由妈妈晾衣服；收衣服时，孩子还小，可由他（她）负责拿自己的衣服；叠衣服时，孩子也可以学习折叠及分类放好。

擦玻璃：孩子可以在家长的指导下用工具擦玻璃。

三、别人的事情帮助做

助人为乐是中华民族的传统美德。一个人的成长过程中，一定得到过许许多多人的帮助和关心，大家互相帮助才构成了一个和谐的社会。助人是人格升华的标志。

帮助别人是一种高尚的美，一个强大的集体就是用这种美构成的。

另外，心理学家研究认为，养成助人为乐的习惯，是预防和治疗忧郁症的良方。如果人是快乐的，大脑就会分泌多巴胺等"益性激素"。益性激素会让人心绪放松、产生快感，这种身心都很舒服的良好状态，可使人体各项机能互相协调、平衡，促进健康。

"向雷锋同志学习"是毛主席1963年3月的题词，号召全国人民学习雷锋同志的共产主义精神品质。现在，每年的3月5日成为"学雷锋纪念日"，简称"雷锋日"。"出差一千里，好事做了一火车"，助人为乐，全心全意为人民服务，是雷锋精神的重要内容。

"雷锋精神"已跨越了国界。

外国一位青年女教师在参观了雷锋纪念馆后，用中文在留言簿上写下了"雷锋属于世界"的文字，并表示回国后要把"雷锋精神"传播给自己的学生。

在一所军校里，大厅中悬挂着五幅人物肖像，雷锋的肖像在其中。《学生守则》上印有雷锋的名言："人的生命是有限的，为人民服务是无限的。"在校的学生们，把雷锋的这句名言作为自己的人生格言。

美国有"学习雷锋研究会"，专门学习和研究雷锋的优秀事迹，鼓励人们为社会做好事。

瑞典首都斯德哥尔摩的街头，经常会出现穿着印有雷锋头像T恤衫的青年，他们会热情地帮助别人。

泰国政府曾经专门印发了《雷锋》小册子，号召国民学习"雷锋精神"，为国家、为社会多做有益的事。

四、能做的事情规范做

"不以规矩，不成方圆。"自己可以完成的劳动内容，一定要按照规范动作操作，这样才能确保质量、保障安全。

有的学生在劳动时，不遵守规章制度，漠视劳动的具体要求，不执行作业标准，甚至蛮干乱干，使得劳动难以继续，或者劳动难以完成，甚至发生工伤事故，制造了危险事件。劳动精神与规范意识应该相辅相成，相互促进，不可缺失。

学生如何才能做到规范劳动？教师或家长要以身作则，潜移默化地影响学生，以情、以理去引导，帮助学生树立正确的劳动观念，对照安全规范逐一检查。

某印刷模切车间内，一名白衣员工突然被机器卷起。他的胳膊扭曲，双腿随着轴的转动，一次一次地被摔打在地上。很快，工友发现异常，赶紧过来按了停止按钮。这起事故到底是怎么发生的？原来，该员工穿着非常宽松的衣服，引起他被卷入的元凶，就是他的衣服。监控显示：衣服被卷，接着拉扯着小伙子被卷入、摔打。进入车间现场，严禁穿宽松衣服，严禁长发不挽，严禁穿高跟鞋、拖鞋或不穿鞋。以上危险因素，应该严格排查，员工个人应该严格执行。

"作业不规范，亲人两行泪！"规范保障着安全，大家不可忘记。

五、集体性劳动大家做

合作是个人与个人、群体与群体之间为达到共同目的而彼此相互配合的一种联合行动。

"单丝不成线，独木不成林。"一个人是办不了大事的，群众的事一定要发动群众，依靠群众自己来办。通过集体性劳动合作，可以营造一种合作的氛围，使每个成员都有一种归属感，有助于提高团队成员的积极性。

具体来说,学生多参加集体性劳动,除了是履行义务外,还有诸多好处,下面列举一些:

第一,在集体性劳动中,掌握劳动技能,提高劳动水平,使自己得到新的发展。

第二,在集体性劳动中,充分展示自己的劳动技巧,甚至教会其他人劳动,使自己被他人了解。

第三,在集体性劳动中,向别人学习劳动,或者配合别人劳动,或者教别人劳动,都促进了交际能力的发展。在劳动中结交的朋友,往往是值得交往的朋友。

第四,在集体性劳动中,也可以观察到一些自私自利或者不守规范的人,摆在面前,应予以鉴别,自我反省。

第五,在集体性劳动中,不同的人可能会引发不同的意见,应多听、多思、多想,学会包容,但不能随大流,要学会有主见。

六、注意自我安全保护

劳动安全是指在生产劳动过程中,防止中毒、车祸、触电、塌陷、爆炸、火灾、坠落、机械外伤等危及劳动者人身安全的事故发生。

安全是人类生存与发展的基本要求,是生命与健康的基本保障。只要人们从事劳动生产,劳动安全问题的发生就不可避免,为此一定要强化安全意识。安全第一,这永远都是首要注意的。家长和教师要根据孩子的年龄和能力,安排适当劳动,保障安全的同时,要对孩子进行安全教育。

劳动防护安全歌

上班穿戴要求严，劳动防护走在前。

领口袖口下摆紧，打扮利索方安全。

风衣长裙脚手绊，生产操作禁止穿。

纱巾围巾美而暖，上班围戴却危险。

长发飘飘虽然美，致伤致残受害源。

手套本是劳保品，机床操作戴则反。

防护眼镜莫小看，防砂挡屑防射线。

登高莫穿硬底鞋，高空易滑登攀难。

易燃区域忌钉掌，胶底皮帮最保险。

检修须戴安全帽，保护头部是关键。

橡胶手套防酸碱，操作不戴害非浅。

长管过滤氧呼器，进入毒区防身利。

劳保用品好处多，配而不用目光短。

劝君尊重劳保品，你得平安全家欢。

七、注重劳动内容巧干

无论何种劳动内容，都需要掌握相应的方法，合适、合理、科学的方法可以提高劳动工作的效率。劳动是孩子在成长过程中必须学习的一门课程，孩子在劳动中能收获很多，不要因为辛苦而拒绝给孩子这样的机会。

家长或教师想要对孩子进行劳动教育，可以为孩子安排力所能及的劳动内容和适合其年龄特点的劳动形式。劳动不仅仅需要付出体力，还需要学习知识、运用知识，"蛮干不如巧干"。下面列举一些：

1.在地上涂抹一层洗洁精，地上就不容易积灰。

2.在新装修的房间内放一碗醋，两三天后，新房的油漆味就会很快消失。

3.粗盐可以擦锅垢，这样擦过的锅底看上去很干净。

4.锅盖上有油污不好清除，烧一锅水，快开的时候，将锅盖翻过来盖上，过一段时间，锅盖上的油污就被自动蒸化，再清洗就很轻松了。

5.在衣领和袖口处均匀地涂上一些牙膏，用毛刷轻轻刷洗，再用清水漂净，即可除去污渍。

6.袖口或领口失去了弹性，可将袖口或衣领在热水中浸泡20分钟，晾干后即可恢复弹。

7.将新买的牛仔裤放入浓盐中浸泡12小时，再用清水洗净，以后再洗涤时就不易褪色。

8.在墨汁中加少量肥皂水（或茶水），搅拌均匀，用这样的墨汁写出的字迹可保持色迹不变。

9.想保持室内空气清新，可以培植吊兰、常春藤、菊花等。

八、劳动中要爱护工具

"如果不想把你的手当锤子使用，请您爱惜工具；如果不想用牙齿去装卸螺丝钉，请您放回工具！"

工具是劳动实现事半功倍的前提，没有合适的劳动工具，劳动任务完成的速度将会大大降低。为此，我们要养成在劳动过程中正确使用和爱护劳动工具，在劳动结束后对相关劳动工具清点。

前不久，听一位老师傅说，他车床上用的仪表表座，从1987年一直用到现在了。我当时就震惊了。一个工具可以用几十年，这个师傅是多么有责任心啊！

我们要感谢手中的各种工具。古人语："工欲善其事，必先利其器。"可见工具对劳动的重要性。工具是我们从事工作的必备品，工具的齐全完好是工作的基础，因此我们必须倍加爱护它，在维修操作中我们按工具的特性正确使用每种工具，每次检修完毕我们要认真检查工具是否完好，仔细擦拭干净、分类摆放整齐，用心保管，防止缺损和丢失，方便下一次使用。这种良好的工作习惯是我们完成工作的基础，它能体现员工对待工作的认真态度，同时能提高我们的工作效率。

真心希望这种好习惯能够持续！

九、劳动结束整理物品

劳动是一项技能，也是一种习惯。苏霍姆林斯基强调劳动的价值，除了劳动的教育功能外，与劳动的习惯价值有关，一旦养成习惯的东西，就会成为生活方式。事实上，成功与失败的最大分别，来自不同的习惯。好习惯是开启成功的钥匙，坏习惯则是一扇向失败敞开的门。

在劳动结束后，家长或教师要引导孩子及时对相关的物品加以整理，要点如下：

一看劳动工具是否有损坏，若有损坏则予以登记，以便维修或更换。

二看劳动工具是否放回原处。"物归原处"，以便下次使用。

三看借的劳动工具是否还了。"好借好还，再借不难"，"借而不还"就没有下次了。

四看脱的衣物，含书包、手套、帽子等等，以及带的水杯，是否忘了拿走。

结　语

我非常喜欢这样一段话：

> 爱在左，责任在右，走在生命之路的两旁，随时撒种，随时开花，将这一径长途点缀的花香弥漫，使穿枝拂叶的莘莘学子，踏着荆棘，不觉得痛苦，有泪可流，却觉得幸福。

说得多好啊。把我们教师的工作，形象地比喻成在学生的人生之旅中播撒种子，成就花香弥漫的仙子。

从教二十余年来，自己带过多少孩子，早已不记得了，但清晰地记着在"习惯教育"践行中的点点滴滴。

不知道那个爱磨蹭的小也宁，现在写作业还慢不慢了？为了帮助她克服拖拉的坏习惯，每天晚上写完作业，她都会给我打电话汇报："老师，我的作业写完了。"

也不知最调皮的小广，现在在哪里高就？记得那时的他，行为习惯很不好，上课不听讲，在桌子底下爬来爬去，下课欺负同学，做危险性的游戏。有段时间，每节课下课后都有很多人来告状，而且他的情绪很低落，作业不写，课堂上一字不动，犯错误也不承认。有一次，竟偷偷地在操场上玩了一节课。这让我很头疼。我找到他的奶奶一起商量办法。原来从小他的爸爸妈妈离婚了，他和奶奶、爸爸一起生活，养成了许多坏习惯。我和小广的奶奶一起为他找到重新起航的支点。一方面，奶奶在家全面督促教育，另一方面，我和小广来了一次深谈。因工作需要，我要走上大队辅导员的岗位，他红着眼睛来问我："老师，我上四年级，你还能教我吗？"我说："你想吗？"他说："我非常想。"那一刻，我终于明白，曾经的苦，曾经的累，曾经的付出，都是那样值得回味。

当老师最大的幸福，就是学生把你看成亲人、朋友。有了这样的关系，你还会不努力吗？你还会没有激情吗？

这本书书凝聚了我从教以来多年的教育观察，也是多年习惯教育实践的经验提炼。由于水平有限，书中难免出现不正确、不准确的内容，希望读者朋友发现后予以告知。

最后，感谢一如既往指引我工作的学校领导，感谢与我一起凝心聚力奋斗的伙伴们，感谢那些默默给我鼓励与支持的朋友们、亲人们，是你们让我拥有了今天的幸福。

冷朋静

二〇二二年八月二十八日

主要参考文献

［1］成墨初.教育就是养成好习惯［M］.北京：中国妇女出版社，2010.

［2］关鸿羽.教育就是培养习惯：养成教育［M］.北京：新世界出版社，2003.

［3］胡东文.教育，志在远方：学生习惯养成与品格教育案例集［M］.长春：吉林大学出版社，2017.

［4］金丽萍，曹明.初中生良好行为习惯养成教育［M］.上海：同济大学出版社，2017.

［5］林格.教育就是培养习惯［M］.北京：新世界出版社，2011.

［6］孙娟.习惯成自然：特殊需要儿童养成教育干预案例研究［M］.大连：辽宁师范大学出版社，2017.

［7］汪骏，郭永莉.父母教育习惯决定孩子未来［M］.合肥：黄山书社，2017.

［8］王大为，孙立新.好习惯教育读本［M］.北京：国家行政学院出版社，2013.

［9］王金红.小学生习惯养成教育［M］.成都：电子科技大学出版社，2019.

［10］徐厌萍，卢欣平.教育就是养成良好习惯：青少年良好习惯养成指南［M］.沈阳：东北大学出版社，2013.

［11］张东法.行动·习惯·性格：一位校长的教育手记［M］.天津：天津人民出版社，2021.

［12］朱凤春.养成良好习惯 绽放生命光彩：良好习惯教育体系初探［M］.北京：光明日报出版社，2015.